今のままでは命と会社を守れない！

あなたが作る 等身大のBCP

Business Continuity Plan

昆 正和――・著
Kon Masakazu

日刊工業新聞社

企業のホンネから見えてきたBCPのリアリティー
「はじめに」に代えて

　本書は効果的なBCP（事業継続計画）を策定するための考え方と作り方を解説した本です。しかし、これまでの本とはかなり色合いが異なります。今日、日本に行き渡っているさまざまなBCPガイドラインや指針、そしてこれらをベースに書かれた市販のBCP本（私が書いてきた本も含めて）の内容に、あれやこれや物言いをつけてしまった本だからです。

　東日本大震災から5年を過ぎた今、国のアンケート統計によれば、大企業のBCP策定率は6割、中堅企業は3割に達し、安心で明るい未来を予感させるような数字が並んでいます。しかし私としては、本当に公表されている数字どおりにBCPは普及しているのだろうか、という疑問をぬぐえずにいます。なにしろ本家本元のBCPに忠実であろうとすればするほど、企業の実態とかみ合わない、企業が望むものとはかけ離れたBCPができてしまうのです。大企業や中堅企業はそうした矛盾とどこまで折り合いをつけたのだろうかと思ってしまいます。

　中小企業の場合、この傾向はいっそう顕著です。BCP策定ガイドや市販の教科書をいくら読んでもなかなかうまく作れない、要領を得ないし納得もいかない。BCP講習会を開けば会場からブーイングが出たり、端から諦めムードに包まれてしまうといったことも。私はBCPの策定指導に当たる先生方にたずねてみたい。みなさんはどこまでBCPの原則論を理解し、どこまで自信をもってこれに則った指導に当たられているのでしょうか？　思わずそう問わずにはいられない数々のナゾが、BCPにはあるのです。

歌舞伎の世界では、型を身につけた人が型を破ることを「型破り」と呼ぶそうです。私自身はBCPのすべてを知りつくした、型を身につけた者だなどと言うつもりはありません。が、「型」を知れば知るほどさまざまな謎や疑問が見えてくるからには、それを見て見ぬふりをすることはできんわけです。

　もともと欧米人がITを守るために考案したBCP。それを私たち日本人が巨大地震に立ち向かうためのツールとしてパワーアップしようとしたところに、何か大きな無理があったのではないか。ならば今現在のBCPの考え方をひとまずリセットし、これまでの体験から得られた企業の意見にもう一度しっかりと耳を傾けようと。そしてもう少し、自分で合点のいく現実的なBCPのあり方を導いてみよう。その目論みのもとに書いたのが本書なのです。

　第一部「なぜこれまでのBCPではうまくいかないのか？」では、日本型BCPの疑問点や矛盾を正面から考え直します。欧米生まれのBCPが、日本に紹介される過程でどのように変化してしまったのかを、みなさんといっしょに考えてみたいと思います。

　第二部「命と会社を守るリアルBCPの作り方」では、なるべくお金のかからない、組織の緊急行動にウェイトを置いたBCPの作り方を提案します。これまでの原則論と袂をわかち、企業目線に立った考え方と作り方の手順を解説しています。

　初めてBCPを策定する企業のみなさんは、第一部の事情はピンとこないと思うので、いきなり第二部から入っていただいてかまいません。すでに原則論に従ってBCPを策定してみたが、役立つものなのかどうか今一つわからんという企業のご担当者や、既存のBCPに懐疑的な講師や先生のみなさんは、参考までに第一部を流し読みいただき、そのあと第二部をお読みください。現実に即してどこまで対策を講じるのが妥当か、その境界が見えてくるに違いありません。

また本書のBCPでは、災害リスクとして「火災」「地震」「水害」を中心に述べています。この3つのリスク対策の作り方のコツを一通りお読みいただければ、たとえばサイバーセキュリティの侵犯やオペレーション中の事故、パンデミックなど、他のさまざまな危機やリスクにも応用できるようになるでしょう。

　折しもこの4月、熊本を中心に震度7の巨大地震が二度も起こりました。加藤清正が手がけた熊本城も壊滅的な被害を受け、国の重要文化財である二つの櫓も崩壊したとのこと。思えば5年前に東日本大震災を経験して以来、私たちは「これだけの大災害が起こったのだから、今後しばらくは平穏な日々が続くに違いない」という根拠なき楽観を手にしたつもりになってはいなかったでしょうか。大地震に限ったことではありませんが、危機というのはいつでもどこでも起こり得ます。しかしその「いつ」と「どこ」がわからない。私たちは、このもどかしい現実と永久に向きあわなくてはならないのです。

2016年7月

昆　正和

はじめに 1

第一部　なぜこれまでのBCPではうまくいかないのか？

第1章　納得のいかないBCPをムリに作ってはいけない

①BCPをめぐる疑問と反論　8
②想定外はBCPが作りだす!?　13
③ITと防災の奇妙な関係　17

第2章　ここがヘンだよ日本のBCP

①BCPの理解をはばむ要因　24
②"中核事業の選定"はどこまで必要か　27
③目標復旧時間を設定してはいけない!?　32
④「重要業務」は空っぽの箱!?　38
⑤「代替手段」を考えすぎると破たんする!?　43
⑥競争社会に「困ったときの助け合い」は甘すぎる　49
⑦"大地震に備えるBCP"にはついていけない　53

第二部　命と会社を守るリアルBCPの作り方

第3章　"これからのBCP"のアプローチ

①危機に合理的な考え方なんて通用しない　60
②使えるBCPを作るコツは「とりあえず主義」　64
③新しいBCPの策定ステップの概要　69

第4章　BCP策定の準備

STEP0　ウォーミングアップ　76
STEP1-1　緊急対策チームを結成する　79
STEP1-2　BCPの目的を明確にする　85

第5章　命を守る基本ツールを作る

STEP2-1　避難計画を作る　92
STEP2-2　安否確認とコミュニケーション手段　97
STEP2-3　非常時の備蓄を準備する　100
STEP2-4　帰宅困難者を守る　105

第6章　緊急対応ツールを作る

STEP3-1　緊急対応プラン（ERP）の役割と成り立ち　110
STEP3-2　情報を制する者は危機を制す　115
STEP3-3　最も警戒すべきリスクを特定する　120
STEP3-4　火災対応ERPの作り方　123
STEP3-5　地震対応ERPの作り方　127
STEP3-6　水害対応ERPの作り方　131

第7章　ビジネスの継続/復旧ツールを作る

STEP4-1　重要業務の継続方法　138
STEP4-2　効率よく復旧を進めるために　143

第8章　プラスαの防災・減災対策

STEP5-1　防災・減災対策に着手する前に　152
STEP5-2　ワンランクUPのさまざまな対策　157

第9章　BCPの文書管理と訓練のことなど

①BCP文書の作成と配布　168
②いざという時〈使えるBCP〉にするために　171
③安・近・短の訓練を習慣づける　177

APPENDIX

附録A．BCPサンプル文書　185
　　　1．BCPの目的・緊急対策組織　185
　　　2．避難計画　186
　　　3．安否確認・コミュニケーション　188
　　　4．非常時の備蓄　189
　　　5．帰宅困難者対応　190
　　　6-1．火災対応ERP　191
　　　6-2．地震対応ERP　193
　　　6-3．水害対応ERP　195
　　　7-1．重要業務の継続　197
　　　7-2．復旧活動　198

附録B．補助シート・リストの一覧　199
　　　B-1．緊急通報・連絡先リスト　199
　　　B-2．安否確認シート　200
　　　B-3．被害状況調査シート　200
　　　B-4．重要顧客・取引先リスト　201
　　　B-5．重要設備・備品・ファシリティ関係業者リスト　201
　　　B-6．情報資産バックアップリスト　202

附録C．BCP充足度チェックリスト　203

Coffee Break

1　リスクへの対処は逆転の発想で！　58
2　わが家の"災害マップ"を作ろう　74
3　緊急対応のためのプランいろいろ　136
4　わしらは無事だ！　—つながる力の本質　166
5　「BCPは投資である」のウソ　182

第一部　なぜこれまでのBCPではうまくいかないのか？

第1章
納得のいかないBCPを
ムリに作ってはいけない

BCPを隅々まで理解し、納得ずくで策定できる企業の担当者も、作り方を指導できる先生もいない。これが今のBCPの現実です。彼ら彼女らが不勉強だからではありません。日本のBCPには、いくつかの根本的な難点が潜んでいるからです。ここではその原因に立ち入る前に、まず目の前で起こっているBCPにまつわるさまざまな混乱と戸惑いについて見ていきます。

1 BCPをめぐる疑問と反論

■**講習会場のブーイング**

　私はこれまで、さまざまな企業や団体に呼ばれてBCPの作り方を指導してきましたが、この経験を積むうちに、会議室や講習会の会場に集まった人たちには、次のような相反する二つの姿勢が見られることに気づきました。

　一つは「粛々モード」です。これは、「BCPとはこういうものだ」「何があっても文句をつけるべきではない」という、BCPに対する無条件のリスペクトと覚悟の上に参加している人たちの姿勢です。ひたすら無言のまま、講師の話を聞く。必要とあらばメモをとる。その日の講習が終わってもほとんど質問は出ません。何しろBCPをリスペクトしているので、どんなに納得のいかない点があっても、意味不明な点があっても「これがBCPなのだ」と割り切っておられるわけです。

　もう一つは「臨戦モード」。これは自前の主義主張に照らして、BCPの考え方や手順について納得のいかないこと、筋の通らないことなどを胸いっぱいにため込んで、「ようし、講師が来たらいっちょギャフンと言わせてやろう」と手ぐすね引いて待ち構えておられる人々の姿勢です。こうした現場では、講師が口を開くたびに「どうして？」「おかしいでしょ？」の連発。しかしこのように書くと、読者さんからは「それは講師としてのあなたの能力や資質の問題ではないのか」と私が叱られそうな気もするのですが、そこには私個人がボケツを掘るだけでは済まない、もっと複雑な事情があるのです。詳しくはのちほど。

　こうした二つのモードを持つ人々とひとわたり議論を重ね、あるいはムリにご納得いただいてBCP策定会議や講習会を終えるわけですが、

そのあとBCPはどうなったでしょうか。多くの場合、BCPの策定指導では作業の効率化をはかるために出来合いのBCPの「ひな型」を用います。私も例外ではありません。そのひな型に沿って各社各様のBCPを作っていただくわけですが、その後の企業のフォローのしかたはさまざまです。きっちり作り込んでいただいた方、サンプルの文字をコピペしただけの方、その後BCPが完成したかどうかについては音沙汰なしの方……などなど。

　まあ、ざっくりとした印象で言えば、残念ながら「音沙汰なし」の企業さんが圧倒的に多かったですね。これはしかし、BCPを普及させる私たちの側にとってはちょっとナーバスな問題です。BCPに関する国やシンクタンクのアンケート統計を見ると、企業がBCPを作れない、作らない理由として、「知識やスキルがない」「BCPを推進する人材がいない」という回答が毎回上位を占めます。が、私が実感として悟ったのは「BCPを作る知識やスキルがない」からではなく、たとえ作り方を理解したとしても、そこに「意義や価値を認めていない」という、ゆゆしき問題があるということなのです。

■現場のゲンジツとホンネ
　せっかくBCPの策定指導を受けてもBCPに意義や価値が見出せない、したがってBCPは完成しないし、定着もしない。このことは企業側の姿勢の問題だけにとどまるものではありません。BCPの普及指導に当たる側にも一筋縄ではいかない、困った事情があります。

　2011年の東日本大震災をきっかけに、全国各地で多くのBCPの専門家が招集され、たくさんの講習会やセミナーが開催されるようになりました。私もそのおこぼれに与ったわけですが、地方各地を転々としている中で、自治体や公益団体、組合の事務局ご担当者から、さまざまな現

場の声を聞くことができました。中には意外な話を耳にすることも少なくありません。

　たとえば「BCP講習会やります！と宣伝しただけではなかなか参加者が集まりません」とこぼすのは序の口、たとえ参加者が集まったとしても、次のようなケースで四苦八苦することも珍しくありません。「BCP普及活動の予算を出してくれる県には、毎回BCP講習会の実績を報告しますが、場合によっては企業が作ったBCP文書のコピーを求められることもあるんです。ですが……。講習会に参加したどの企業も、会場で作ったはずのBCP文書を提出してくれないのですよ。しかたないから、ちょっとつじつま合わせ的なことをやってお茶を濁すこともありまして……」といった具合です。

　BCPの指導をする講師に対して、ややご不満のご担当者もいます。「これまで何人かの先生にBCPをご指導いただきました。ですが、中には一般的な防災の話やリスクマネジメントの話など、ご自身の知識や経験の得意な部分だけ述べて、肝心のBCPについてはほとんど触れない方もいます。かと思うとBCPのむずかしい専門用語を矢継ぎ早に連発して、何を話されているのかよく理解できない先生もおられました」。
　これはしかし、恐れ多くも指導講師のみなさんが不勉強なのだと暗に批判しているわけではありません。私の知る限り、どの先生も自ら熱心にBCPを理解しようと努めておられます。ところが前に述べたように、BCPはこうやって作るものなんだと論理的に理解はできても、その目的や手順に心から納得し、賛同できる意義や価値をそこに見出せない。なんとなく「？」が付きまとう、ということではないでしょうか。先生サイドからでさえ、「正直な話、BCPを作ったからといって実際に役立つとも思えないなあ……」とこぼす声が聞こえてきそうです。

結局「自分で納得できないことを教えるよりは、自分の経験や知識の範囲でカバーした方がまだマシ。その方が地に足のついた指導ができる」と割り切るか、「えい、ままよ！　ワタシはテキスト通りの言葉を使ってテキスト通りに話すから、あとはみなさんで好きなように理解してくださいね」と匙を投げるかのどちらかになってしまうのです。

■これ、どうやって使えばいいのですか？

　では、BCPを作ろうと意気込む企業担当者や、熱血講師のみなさんが手にする渦中のBCP指南書（さまざまなBCP策定ガイドや市販のテキストのこと）の中身はどうなっているのでしょうか。それほど納得のいかないわかりにくい内容なのでしょうか。

　国や地方自治体、その他の団体は、BCPの普及促進をはかるためのBCPのひな型（様式、テンプレート）とその記入方法を解説したガイダンスをウェブサイトに掲載しています。多忙な企業担当者にとっては、こうしたツールをお好みのサイトからダウンロードし、あらかじめレイアウトされた記入欄に必要事項を記入することで、時間をかけずに手軽にBCP文書を完成させることができると言われています。で、私もさまざまな種類のひな型と解説書をダウンロードし、バーチャル会社のバーチャル社長になったつもりで、実際にこれらを記入してみましたよ。

　見出しごとの個々の説明は明快です。いわゆるBCPの原則的な考え方に沿って、その考え方を実現するための調査方法や記入手順などもこと細かに丁寧に、わかりやすく解説されています。しかし、わかるのはここまでです。ここから先、すべてとは申しませんが、次の2つの点で迷路にはまり込んでしまうのです。

　一つは「なぜ」の部分がよく見えないこと。まずAを、次にBを、そ

してCを……という個々の手順説明は淡々と理路整然と述べられているのですが、なぜそこまで手を煩わせて作り込む必要があるのか、明確な目的や理由が見出せないのです。

　もう一つは、記入し終わったBCPをズームアウトして、全体から見渡そうとすると、とたんにこれまでの細かな項目の意味も、そのつながりも見えなくなってしまう。まさにグーグルアースで衛星写真を見ているようです。解説に沿って、さまざまな要件の一つひとつに検討を加え、一項目ずつひな型に記入していったあの作業の結果はどうなったの？ いざと言うとき、どことどこがどのように結びついてBCPとして機能するの？ といった感じです。ちょっとフラストレーションがたまってしまいます。

　このことは、あるクライアントからBCPの策定指導を頼まれた際に、事務局担当者がもらしたコメントでも裏付けられています。その会社では、すでにこうしたひな型をベースにBCPを作ってはいましたが、どうも「まとまりがない」とこぼしていました。棚卸一覧もしくはカタログのようなこと細かな項目を一つひとつ丁寧に記入し、すべて埋め尽くしたまではよかったのだけれど、完成したBCPを見て、この複雑で断片化した個々の情報を、いざと言うときどのように役立てるのか、まったくお手上げだということなんです。これは、市販されている多くのBCPのテキストでも例外ではありません。

❷ 想定外はBCPが作りだす!?

■リスクならすべて対処できるという思い込み

　"慣れ"というのはコワイものです。「リスク」に対する私たちの姿勢にもそれが見てとれます。ある日会社のサーバに不正アクセスがあった。さあ大変だ。不正アクセスの「リスク」に対処するためにはセキュリティを強化しなければならない、となる。またある時、近県で巨大地震が起こった。さあ大変だ。対岸の火事とばかりも言っていられない。地震の「リスク」に対処しなければならない、となる。新型インフルエンザしかり、洪水、火山噴火しかり、金融危機しかりです。すべて「リスク」として処置しようとする。危機に積極的に対処するのはもちろんよいことです。問題なのは、すべての危機を十把一からげに「リスク」とみなしてよいのだろうか、ということです。

　かつてフランク・ナイトという経済学者が、予期しない事態を合理的に扱えるようにするために、こんなことを提唱しました。「その発生は合理的に見積もれるが、人間の知識や経験不足が原因で対処できていないものは『リスク』と呼ぼう。どんなにがんばっても合理的に見積もれないものは『不確実性』と呼ぼう」と。

　日常の出来事を思い浮かべるとわかりますが、交通事故などは豊富な経験に基づいて原因とその対策を究明することができますから、まさに「リスク」と呼んでよいものです。不正アクセスやサイバー攻撃といった情報セキュリティの侵犯も、過去のインシデントの蓄積から見積もれますから「リスク」と呼んでよいでしょう。

　しかし大規模な自然災害やパンデミックなどとなると話は別です。確かに過去には何度も起こってはいますが、いつどこでどれだけの規模で

起こるかは、高度に科学の発達した今日でさえよくわからない。発生そのものが不確かですから、その影響の大きさや範囲といったものも、過去の事例をなぞって主観的に判断せざるを得ないところがある。よってこれらはすべて「不確実性」だと思うのです。

　ところが、心配の種となるものにひとまず「リスク」のラベルを貼って、チョチョイのチョイと発生頻度や深刻さの数字を割り振って可視化しさえすれば、合理的に対処できるような錯覚に陥ってしまう。私たちにはそういう習慣が身に付いているのです。不正アクセスも大地震もすべて今日の私たちにとっては「リスク」であり、この言葉さえ使えばうまく解決できそうな気がしてしまうわけです。

　危機に対処しようと思ったら、私たちがリスクと呼んでいるものが本当に「リスク」なのか、「不確実性」なのかを推し量ってから、その後の適切な対応姿勢を決める必要があるのではないでしょうか。

■ターゲットを絞れば絞るほど"想定外"が増える!?

　BCPの原則的な考え方は、傍から思われているほどややこしいものではありません。とてもシンプルかつ合理的です。「お客様との約束を果たし、社会的使命を全うするためには事業を危機から守らなければならない。しかし事業というのはとても複雑なプロセスで成り立っている。だから本当に守らなければならないターゲットを絞り込み、その部分を集中的に手当することが必要だ」という考え方です。いわば「選択と集中」の論理です。

　そのためにBCPでは、災害の起こるシナリオを好き勝手に決め、複数の事業を持つ会社は「中核事業」を選定し、その事業を成り立たせている「重要業務」を絞り込み、その重要業務を処理するための「手段」を限定します。重要業務を合理的に扱うために優先順位をつけ、その順

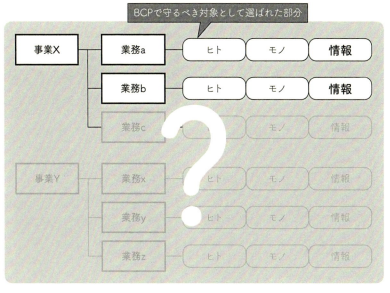

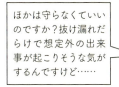

図表1-1：BCPが想定外を作りだす

序にしがたって滞りなく実行できるようにあらかじめ予備の資源をスタンバイさせておく。やや極論ではありますが、BCPの手順をまとめるとこのようになるでしょう。

しかし、ここで前節のことを思い出してみましょう。BCPで想定したのは「リスク」？それとも「不確実性」？　これだけ合理的にお膳立てしたのだから、安全と安心は担保されると見てよいのでしょうか。こうした対策に、経営者はどこまで満足するでしょうか？

実はここで、次のような素朴な考えに突き当たるのです。一つは、災

害が想定の規模と範囲内で起こらず、何事もなく平和に時間が過ぎていけば、BCP対策に投じたコストはまったくリターン（被害が少なくて済むという価値）を生まないということ。もう一つは逆に災害が想定の規模と範囲を超えて起こった場合には、新たな復旧費用がかさんで経営を圧迫するだろう、ということ。少し意地悪にも見えますが、いずれも最も現実的な可能性であることは確かです。

　災害シナリオと守備範囲、そして復旧の段取りをどんどん絞り込み、限定的に扱おうとする今日のBCPは、それ以外のすべての業務活動、すべての経営資源、そして復旧のオプションを度外視するものです。"想定外"が手ぐすね引いて待ち構えているとすれば、まさにこのような状況においてでしょう。

　ノーベル経済学賞を受賞したハーバート・サイモンという学者は次のようなことを述べています。「組織も組織を取り巻く環境もとても複雑にできている。そこに最適な答えを求めようとするのは無理なんです」と。これはBCPを作る際の姿勢にも当てはまると思います。どんなに選択と集中によって合理的に対策を講じたとしても、想定している相手が計り知れない「不確実性」ならば、リスクとリターンは見合いません。守備範囲を集中・限定化するのではなく、むしろ常識的な企業防災の範囲で、達成すべきそこそこの水準を定めておく。そうすれば、被害を受けるかどうかもわからない、特定の部分を守るためだけの無駄なコストを抱える必要もなくなるのではないでしょうか。

3 ITと防災の奇妙な関係

■ どちらを向いても"IT"ばかり……

　さてここからは、もう少し話が込み入ってきます。結論から先に言えば、「日本のBCPはIT由来の考え方と防災由来の考え方がクロスオーバーし、少し混乱を招いているように見える」ということです。ITにはITなりのBCP、防災には防災なりのBCPの考え方がある。どこが問題なのか？と思われるかもしれません。両者がそれぞれの目的に応じて使い分けられているだけなら問題はありません。そうではなくて文字通りクロスオーバー、混じり合っているのです。これはいったいどうしたわけなのか。少し前置きが長くなりますが、私の個人的な体験談から始めたいと思います。

　以前私は、縁あって米国フロリダ州オーランドで毎年開催される「DRJ Spring World」というカンファレンスに参加する機会を得ました。このカンファレンスは事業継続分野に関しては、世界有数かつ最先端の業界動向や知見が得られる大規模なものです。
　私がこのカンファレンスに期待していたのは実に素朴で単純なものでした。BCPの本場米国では、北部は寒波、南部はハリケーン、中部は竜巻、西部では日本と同じく巨大地震などの大規模自然災害をいく度も経験している。もし工場などの施設が被災したら、どんなテクニックや技術を駆使して事業を継続するのだろうか、その手掛かりになるものが少しでも入手できれば……というものでした。

　このカンファレンス期間中、私は、多くのセッションに参加し、併設された展示会場に足を運び、この期間を挟んで前後に組まれているプロフェッショナル講師陣による個別研修にも出席しました。ところが、意

気込んでさまざまな会場に出向いてはみたものの、期待していたものとはだいぶ違うなあという印象です。すべてとは言いませんが、どちらかといえば「IT」をテーマにしたものばかりが目立ちます。展示会場を巡ってみても、各ブースに名を連ねているのは有名IT企業の面々。そこで紹介されているのはBCP策定ソフトウェア、ビジネスインパクト分析自動化ツール、BCPの文書管理を自動化するアプリケーション、緊急メール配信サービスなどなど。

どちらを向いてもITばかり……しかしこれは、BCPの成り立ちを振り返れば当然のことと言わなければなりません。もともとBCPは緊急時のデータ復旧のために考案された計画だからです。

■ BCPのルーツは「データ復旧」にある

事業の中断という危機から企業を守るために誕生したBCPですが、そのルーツは1970年代の情報システムのデータ復旧、つまりITのクライシスマネジメントにあります。米国は契約社会ですから、うっかりシステムがダウンしたり、データを消失して利害関係者に迷惑がかかると、すぐにクレームや訴訟問題に突入してしまいます。こうした事態を未然に防ぐためのさまざまな法律や規則が整備される中、ITのクライシスマネジメントは事業の継続を目的としたより専門性の高い職種として進化し始めます。

当時のシステム管理者の事業継続の使命は、もっぱらデータをいかに守るかということでしたが、2001年9月の米国同時多発テロがこの認識を一変させました。いえいえ、今や伝説となった米大手証券メリルリンチの神業的な事業継続対応のことではありません[1]。

きっかけとなったのはもっと深刻なことです。ワールド・トレードセンターに入っていた金融機関の中にはバックアップサイトなどを持た

ず、この大規模テロで機能停止を余儀なくされ、当日決済予定の取引データをすべて失ったところもありました。ある住宅ローン融資会社などは劇的なダメージを受けてオフィスに立ち入ることができず、全支店網とのやり取りができなくなり、事業を続けられない事態が起こりました。借り手の方は給与振り込みやローンの引き落としもできない、文字通り事業者も利用者も大打撃をこうむったわけです。

　こうした事実に加え、毎年発生するハリケーンや増大しつつあるテロの脅威などを受けて、当局が事業を保全するためのより堅牢な仕組みを求めるようになったことは言うまでもありません。もはやデータを守るだけではだめだ。不測の事態に備えて重要な業務機能全般を維持できる仕組みを整えなくてはならない、という認識に変わっていきます。このような経緯もあって、米国ではおもに金融機関を中心にITの復旧と事業継続のための計画を作るよう勧告し、定期的にそれらを見直したりテストしたりすることを要請するようになりました。こうした流れは今後も加速し、将来的にはさらに規制当局によるチェックが厳しくなるだろうとの見方もあります（ここでは米国を中心としたBCPの動向を述べていますが、イギリスのBCPもITがベースとなっていることに変わりはありません）。

　一方日本でも、欧米の流れを受けて、2000年に入ってITを中心とした事業継続のための施策が進むようになりました。2003年には日本銀行が「金融機関における業務継続体制の整備について」と題する資料を

---

[1] 米国の大手証券メリルリンチは、2001年の米国同時多発テロの際に、あらかじめ策定していたBCPを使い、神業的対応をしました。当時、同社はニューヨーク・ワールド・トレードセンターに入っていましたが、テロ（航空機の激突）発生から間もなく災害対策本部を立ち上げ、マンハッタンの対岸へ9000人の従業員を無事避難させることができました。この結果、攻撃翌日には公債市場を再開しました。同社の株価は一時急落したものの、この目覚ましい対応が奏功し、ほぼ1か月で以前の水準に戻りました。

公表しています。2005年3月には経済産業省より「事業継続策定ガイドライン」が、2005年8月には内閣府中央防災会議より「事業継続ガイドライン第一版」が発表されました。次いで2006年2月には、中小企業庁より「中小企業BCP策定運用指針」が発行されています。

　経産省のガイドラインはITを中心としたものですが、中央防災会議のガイドラインはBCPの策定を「地震」の想定から入るように勧めている点で、より防災色の強いものとなっています。そして中小企業庁の指針になると、入門診断やBCP策定のためのさまざまなテンプレートが用意され、実際の策定例なども製造業をはじめとしてさまざまな業種のBCPの作り方が紹介されています。この時点で日本では、おおむね防災対策の延長上にあるBCPのイメージが定着するようになりました。

■欧米と日本－BCPに対するイメージの食い違い

　このような経緯を見てくると、「どんな危機に直面しても事業を継続するための計画」として鳴物入りで日本に紹介されたBCPに対する認識を少し改めなくてはならないように思えてくるのです。BCPの策定ガイドや市販の本を覗くと、「自然災害、火災、テロなどのあらゆる危機に対処するために……」といった表現を見かけます。こうしたメッセージを読む限り、なるほどBCPというのはすごい計画なんだ、クールではないか！などと思ってしまうのですが、実はそこに日本人がイメージするBCPと欧米人がイメージするBCPとのギャップがあるのです。

　欧米人が「あらゆる危機に対処するために……」という言葉を口にするとき、その意味するところは「どんな災害が原因でITが止まるかわからない」、「ビジネスの心臓部はITである。何が起ころうともITだけは守ろう」ということなんです。もちろん彼らが意味する「IT」には、データの保護やメールなどのコミュニケーション手段の維持のことも含まれています。彼らにとって一番大きな不安は、危機対応の不備からデータ

第一部 なぜこれまでのBCPではうまくいかないのか？
第1章：納得のいかないBCPをムリに作ってはいけない

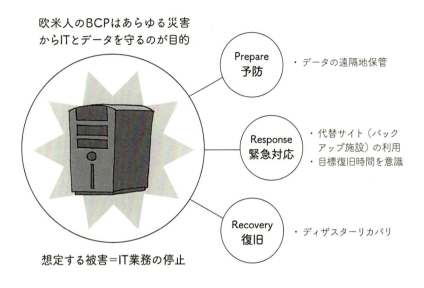

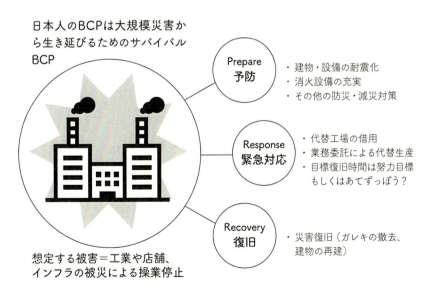

図表1-2：欧米と日本のBCPのイメージの違い

を失ったり業務処理ができなくなり、顧客や取引先、投資家に迷惑がかかって会社の信用や信頼を損なうことなのです。
　翻って、日本人の私たちが「自然災害、火災、テロ、爆発事故など、あらゆる災害に対処するために……」という表現を目にするとき、イメージとして浮かぶのはビルや工場が崩壊したり、がれきの山に埋まってしまったどうしようもない被災現場の姿です。そして、このような絶望的な状況にもかかわらず戦略的に事業を継続し、いち早く復旧する手立てがBCPの中にはあるらしい、私たちはそう期待してしまうのです。

　しかし、先ほど述べたように、欧米のBCPはITを守り、復旧させることがメインの目的ですから、日本人があるべき姿として描くBCPに比べ、ずっとハードルが低いわけです。と言っても欧米人は日本的な意味での災害による事業の停止や復旧のあり様をまったくイメージしていないのかと言えば、もちろんそうではありません。完膚なきまでにダメージを受ける大規模災害については、ITのBCPのようなテクニカルな対策をとるのは無理である、よって被災した現場は物理的な復旧を急ぐしかないと考えている。つまり彼らは、ITを中心とした合理的な事業継続対応と、それ以外のオーソドックスかつ泥臭い復旧活動を明確に分けて考えているのです。

　さてここまで書いても、読者のみなさんには依然として何が問題なのかよく見えないかもしれません。単刀直入に言いましょう。「**もともとITのBCPのために考案されたノウハウが、日本では防災型のBCPにもそのまま使われるようになってしまったために、だいぶ無理が生じている、理屈が通りにくくなっている**」ということです。このことは第二章で詳しく述べたいと思います。

第一部　なぜこれまでのBCPではうまくいかないのか？

第2章
ここがヘンだよ
日本のBCP

　中核事業、目標復旧時間、重要業務、代替策……。BCPにはこのような専門用語が次々に登場します。最初は、こうした用語や概念に斬新で画期的な印象を抱く人も少なくありません。しかしその用語をより深く知り、実際の計画づくりに生かそうとすればするほど現実から遠のいてしまうという矛盾が待っているのです。本章では、そうした矛盾を生みだす原因を探ります。

1 BCPの理解をはばむ要因

■企業目線に立った忌憚のない意見として

　これから述べる"物言い"は、何かのはずみで私がBCPのことをキライになってしまったからでもなければ、目立とうと思って話題作りのために仕掛けた批判のための批判でもありません。「BCPとはこういうものなんです。何かご不満でも？」などと澄まし顔ではいられないものがそこにあるからです。BCPのことを知れば知るほど見えてくる疑問。そしてそれを裏付けるように、BCP作りにチャレンジしようとする多くの企業担当者から聞こえてくるネガティブな意見の数々。以下の内容は、企業の目線（とくに中小企業）に立ったとき、これまでのBCPがどのように映るかを、率直に述べたものなんです。

　原則通りにBCPを作ろうとすればするほど、企業の実情やニーズとはかけ離れたBCPができてしまう。このため、すでにBCPを策定済みの企業の多くは、原則通りにこれらの要素を踏まえたBCPは作っていない（＝作るのは困難）というのが実態でありましょう。多くは初動回り（緊急事態の通報、避難、安否確認など）と、部署ごとの緊急時の活動項目を並べるにとどまっており、BCPの対策もオーソドックスな防災対策にとどまっています。目の覚めるようなクールな戦略や戦術を盛り込んでいる企業は、私の知る限りではほとんど見当たりません。企業が今後、見直しを経てより理想的な、洗練されたBCPになることを望んでいるとも考えられません。

　読者の中には、「何もそこまでこだわらなくても」というご意見もあるでしょう。しょせんガイドラインや市販のBCPテキストは一つの目安、

参考のために用いればよいのであって、きっちり原則論を踏まえて作るか、自己流で作るかは作り手の勝手でしょう、と考える人も少なくありません。

けれども、企業の担当者も、BCPの普及指導に当たる先生も、まさにナビゲーターとしてのガイドラインや市販のBCPテキストを参照して、あるいは熟読して理解しなければ、一歩も先へは進めないというゲンジツがあります。一般の学問なら、学べば学ぶほど理解が深まってオモシロイゼ！となるところですが、BCPの場合は「さっぱりわからん」と匙を投げてしまうのがオチ。こんなことが続けば、遅かれ早かれBCPは信頼を失い消え去ってしまうかもしれません。BCPそのものが存続の危機に曝されるなんて、皮肉なことではありませんか。ともあれ、既存のBCPの考え方のどこに「？」が潜んでいるのか、これからしばらく探っていきましょう。

■誰もが悩む6つの「？」

前章では「BCPの考え方が受け入れられない」「BCPがうまく作れない」状況をいくつか見てきました。また、こうしたBCPの問題には、欧米のIT文化と日本の防災文化の違いが影響しているらしいことを示唆しました。本章では、まさにこの点について具体的なレベルで考えてみたいと思います。ポイントは次の6つです。

- 中核事業の選定
- 目標復旧時間
- 重要業務
- 代替手段
- 企業どうしの協力と連携
- 大地震対応のBCP

これらの要素は、すでにBCPに関するガイドラインや市販のテキストを一読し、あるいはそれらを参照して実際にBCPを作ってみた読者のみなさんにとってはおなじみの内容であると思います。これらの中には疑問を感じて作業が進まなかったり、納得がいかないために割愛してしまった項目もあるでしょう。いずれも問題の性質に応じていくつかのパターンに分けることができます。

　一つはBCPの原則的な考え方そのものに疑問が残るもの。「中核事業の選定」などがそれです。次はIT由来の考え方がそのまま防災型BCPのノウハウや手順として使われているもの。これには「目標復旧時間」や「代替手段」の考え方があります。最後は企業の実情に即してやや無理があると考えられるもの。これは「企業どうしの協力と連携」「大地震対応のBCP」などが当てはまります。

❷ "中核事業の選定"はどこまで必要か

■「中核事業」を選べないケース

　BCPは、会社を危機から守りぬくための計画です。経営資源を守り、混乱・停止した事業をいち早く立て直して通常の体制に復帰させるための計画です。しかし、会社が抱えるすべての経営資源を守るというのは効率的ではないし、守り切れるものでもありません。そこで、もしあなたの会社が複数の事業を営んでいるなら、その中からBCPで守りぬく事業を戦略的に選ぶという作業が発生します（単一の事業を営む会社や、大企業との長期継続的契約のように、どの製品やサービスが重要であるかが明白な場合は、こうした絞り込みは必要ありません）。

　BCPの対象として選ばれる事業は「中核事業」と呼ばれています。中核事業を選定するというアイデアは、一般的に考えれば、なるほど合理的な考え方ではあります。がしかし、実際に自分の会社にこの考え方を当てはめようとすると戸惑うことも出てきます。一つは、事業の規模、業種、構成によって「複数の事業から一つを選定する余地がない、またはその必要性がない」場合があること、もう一つは「中核事業を一本に絞り込むことが必ずしも最適な生き残り策とは言えない」場合があることです。

　まずは前者の「複数の事業から一つを選定する余地がない、またはその必要性がない」場合について。3つの事業部門があるとします。現在の売上高や将来の市場性などを勘案した結果、重要度の高い順にA、B、Cが決まったとすると、このうちA事業をBCPの取り組み範囲とするわけです。ところが会社によっては、次のようなケースがあるのです。

（例1）中堅企業X社では、A事業拠点を徳島に、B事業拠点をインドネシアに、C事業拠点を東京本社内に置いている。
（例2）ベンチャー企業Y社では、ワンフロアのオフィスにA事業、B事業、C事業のすべてのスタッフとIT資源を集中配備している。

　（例1）のように、地理的に分散し、経営資源もリスクの種類も異なる場合には、どれを選ぶかではなく、遅かれ早かれそれぞれの拠点ごとにBCPを策定する必要があります。予算が割けない事業部門のBCPを後回しにするといった判断は、ここでの事業の選定とは意味が異なります。よって、ここでの「中核事業を選定する」というステップは意味を持ちません。
　（例2）のケースでは、A事業の島（机の集まり）はBCPで守るが、B

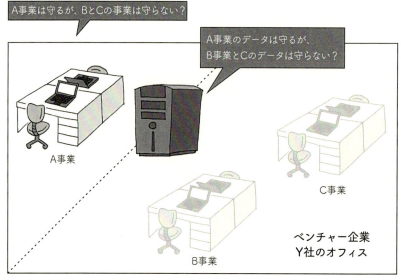

図表2-1：中核事業を選べないケース

とCの島は守らないとか、1台の基幹サーバに入っているデータのうちA事業の分はバックアップをとるが、B、Cは不要などと考えるわけにはいきません。物理的にワンフロアに集約されているならば、そのすべての人の命と重要資源を守るのが常識だからです。これも中核事業を選定するという作業は無意味です。

■事業の選定が生き残るための可能性を狭める？

さて、もう一つの「中核事業一本に絞り込むことが必ずしも最適な生き残り策とは言えない」場合について。この説明の手掛かりとなるキーワードは「選択と集中」です。

事業を一つしか持たない企業の場合、たとえその事業が大災害に見舞われ、壊滅的な被害を受けても、それを復旧することが唯一最大の選択肢となるでしょう。一方、複数の事業を営んでいる企業の場合、BCPで守り抜き、何としても生き延びなければならない事業を一つに限定するというBCPの理屈には、なんとなく危うさがつきまといます。次の製造業の例を見てみましょう。

- 中核事業…大企業向け製品Xの製造
- その他の事業…一般企業向け製品Y、Zの製造

この会社が中核事業として選んだのは、大企業向けの製品Xの事業です。中核事業を決めるということは、予防（防災）と復旧に必要なすべてのBCP資源をこの事業に集中させ、万一に備えてスタンバイさせておくということです。しかしここで、ちょっと考えてみるとわかるのですが、果たして経営者はそのような選択をよしとするでしょうか。次のような矛盾が考えられなくはないでしょうか。

まず、中核事業を早く復旧させるための対策を集中的に施したとしても、BCPの想定通りの規模、範囲で災害が起こるとは限らない。もし

製品Xのラインが幸運にも無事で、製品Y、Zのラインが何も対策を講じていなかったために甚大な被害を受けたら、中核事業（製品X）を維持するために投下したBCP対策の費用はその価値を発揮しないばかりか、製品Y、Zラインの売上機会損失と復旧費用が追加的に発生して財務を圧迫します。

　次に、これは製造業に限ったことではありませんが、一度被災すれば右から左に代替手段をとるのは難しく、多くはひたすら「復旧」のためにがんばりぬくしかないというのが東日本大震災以降の中小企業の現実的な認識です。仮に中核事業（X製品ライン）が停止し、その復旧にかなり時間がかかることがわかった。しかしこのとき他のライン（Y、Z製品）が生きているならば、X製品ラインの復旧を終えるまでの間をY、Z製品事業の売上で食いつなぐというやり方もあるでしょう。中核事業であるX製品だけに目を奪われると、他の選択肢が見えなくなってしまうのでは、と心配するのです。

■経営者は納得していない

　これまで述べたいくつかのケースは、けっして例外的なものではありません。むしろどの経営者や企業担当者も自然に思いつくことであろうと思います。選択と集中方式で事業を守りぬけるかどうかはケースバイケースであって、固定的に考えて実行するにはリスキーなところがあるのです。

　リスクマネジメントの世界ではリスクを分散させることが基本となっていますが、会社を救うために一つの事業にBCP資源を集中させるというのは、逆にリスクを集中・固定化することにはならないでしょうか。また、災害レジリエンス（災害からの回復力）の要件の一つに「適応性」というものがありますが、中核事業1本に絞りこんでしまったら、せっかくの適応性を発揮するための選択肢の芽を摘んでしまうことになりかねません。

多くの企業担当者や経営者が、中核事業を絞り込むという作業ステップに「どうしてこんなことに手間を？」と訝しそうな顔をするのも、もっともなことです。短期的な視点に基づいて中核事業を選定するBCPの考え方は、常に事業を中・長期的な視点でとらえようとする経営者の考え方とは折が合わないわけです。これにはもう一つ、次のような理由もあるでしょう。

市場はグローバル化を続け、生産拠点も市場に近いところに進出が進んでいます。ニーズが多様化し、それに応えられるだけのラインナップが求められる。モノづくりの分野を一つの典型として言えば、製品のライフサイクルは短くなり、毎年新しい製品を出さないと生き残れません。昔のように、ある事業でブランドを確立できたからと言って5年も10年もそれを維持できるとは限らない。BCPの場合、特定の中核事業を絞り込んで、そこに集中的に復旧資源を投入したとしても、仮に5年で新規の事業に交替してしまったら、旧事業を守るために投じたBCP対策のコストは価値を生まないままで終わってしまいます（この間にBCPで想定した通りに災害が起これば別ですが）。

こうした理由から、本書ではBCPで救済する事業をあえて「中核事業」という名前で1つに絞り込む必要はないという見方をとっています。しかしそうすると新たな疑問が一つ出てきます。どこまでを「BCPの取り組み範囲」とすればよいのか、という疑問です。このままでは本章の冒頭で述べた「会社が抱えるすべての経営資源を守るというのは効率的ではないし、守り切れるものでもありません」という当然至極な部分まで否定することになります。ではこれをどう解決するのか。これについては第7章と8章を参考にしてみてください。

3 目標復旧時間を設定してはいけない!?

■BCPらしさの象徴

　BCPが防災計画と最も大きく異なる点を挙げなさい、と問われたら、BCPを知るほとんどすべての人が「目標復旧時間が設定されていること」と答えるでしょう。大規模な災害が起こる。電気が止まり、オフィスのコンピュータはすべて停止、外に出れば道路にはガレキが散乱、あちこちで車が立ち往生している。そんな中でBCPが発動され、そこに規定された「目標復旧時間」のタイムフレーム内でミッションクリティカルな業務が立ち上がる……。

　目標復旧時間（RTOとも呼ばれます）は「遅くともこの時間内に"重要業務"を再開すべき」とする指標で、本来は業務の「目標開始時間」と呼ぶべきものです。文中の"重要業務"とは、目標復旧時間によって優先順位付けされた上位の業務活動を指します。目標開始時間や重要業務などの要素は、ビジネスインパクト分析（略してBIA）と呼ばれる方法を通じて導かれます[2]。次の例をご覧ください。

　まず、製品やサービスの提供に必要なすべての業務プロセス（受注から納品・引き渡しまで）を洗い出します。次にこのリストをもとに、業務一つ一つについて次の2つのステップを勘案しながら復旧の緊急度を推し量ります（この評価作業は各業務部門の業務責任者がアンケート方式で行います）。

---

[2] ビジネスインパクト分析（Business Impact Analysis：BIA）を通じて導かれる指標としては、ほかに、RTO（目標開始時間）の前提となるMTPD（最大許容停止時間）、段階的に設定されるRLO（目標復旧レベル）、などがあります。

- この業務が1日止まり、3日止まり、1か月止まると…どんな影響が出るか？
- 最も深刻な影響が出る前に業務を再開するとしたら、いつの時点が望ましいか？（←これがRTO）

　個々の業務についてRTOを導いたら、それを緊急性の高い順（つまりRTOの値の小さい順）に並べ替えます。その並べ替えたリストの上位に来る一連の業務が「重要業務」として位置付けられます。たとえばRTO＝3日の業務は緊急性の高い重要業務、RTO＝3週間の業務はあまり復旧を急がなくてよいから非重要業務といった具合です（どこまでを上位として線引きするかは企業の判断）。

　BIAの結果はどのように生かされるのでしょうか。目的は2つあります。一つは重要業務の優先度に応じて、それらの業務を目標復旧時間内に再開するための段取りを組むことを目的としています。ある業務のRTOが3日と設定されたなら、その業務を3日以内に立ち上げるために何時間以内にだれが何をするのか、どこから何を調達するのかを規定するためです。

　もう一つの目的は、BIAのアウトプットである「重要業務」とその「目標復旧時間」を最終判定してお墨付きを与えるのは経営トップですから、彼らが意思決定できるように合理的な判定表を用意しておく必要があるためです。いわばBIAというのは、現場のことをよく知らない大企業の上層部に最終判断を委ねるために考案された技法でもあるのです。

■目標復旧時間もまたIT生まれ

　BCPのルーツがデータ復旧にあることはすでに述べた通りですが、当然のことながら、目標復旧時間もまたデータ復旧に由来する指標です。欧米では目標復旧時間もこれを導くビジネスインパクト分析も、すべて

ITの復旧を合理的に考えるためのノウハウに他なりません。ということは、これらが意味を持つのは、もっぱらITを駆使しないと事業が成り立たない業種や業務、たとえば行政や民間企業のオフィス業務、金融機関や情報通信事業、IT依存度の高い高度医療施設、IT企業の業務などであるということです。ではBIAを通じてどのようにRTOが決まるのか、次の例で見てみましょう。

・注文処理システムを使用する業務：RTO＝30分
・顧客管理システムを使用する業務：RTO＝6時間

　これらの業務の目標復旧時間の設定根拠は、たとえば次のようなものです。「注文処理システム」が止まると顧客からの注文データが処理されず、手動での未処理データ（バックログ）の回復には大変な時間と労力がかかる。その損害の大きさを財務的に許容できるのは業務停止後、最大30分までである。「顧客管理システム」が止まると顧客情報を呼び出せなくなる。顧客コールの待ち行列から逆算して、顧客が対応待ちをがまんできるのは最大6時間である（これを超えると顧客離れや注文の機会損失が多数発生する可能性が出てくる）、といった判断ができます。

　個々のシステムが長時間止まれば明確な事業運営上の損失が予想されるため、それぞれの目標復旧時間内に各システムを回復させるのが望ましい、と言えるわけです。とは言うものの、ネットワークでつながった複雑な情報システムを持つ大企業やIT企業にとって、目標復旧時間を導くBIAはかなりつらい作業であることも確かです。教科書どおりにBIAを実施したら、とてつもなく膨大な作業が発生して収拾がつかなくなり、BIAが頓挫したとはよく聞く話です。BIAはなかなかの問題児なのです。

ともあれ、まさにITのために考案されたBIA（ビジネスインパクト分析）とRTO（目標復旧時間）ですが、日本ではこうしたノウハウをどのように受け入れているのでしょうか。欧米と同じやり方でIT依存度の高い業種（金融機関や大企業本社のオフィス業務など）に適用されているであろうことは推測できますが、果たしてそれ以外の業種や業務などにも適用できるものなんでしょうか。

■実務の現場は困惑と混乱の中

　情報システムの場合、サーバーXがダウンしたら、アプリケーションYが機能しなくなったら、どの業務がどれだけ影響を受けるかはすぐにわかります。したがって各業務の重要度から判断して、どのくらい急いで立ち上げるべきかの目安（目標復旧時間）を推定することも可能でしょう。ついでに言えば、今日ITの分野では、これらの目標復旧時間内にシステムを回復させるための技術がすでに確立し、商用サービスとして提供されているという背景があります。したがって30分とか6時間といった数字は十分に現実的であり、これらの時間内に業務を再開できる実現可能性もある程度は期待できるわけです。

　一方、IT以外の業種で日本人の私たちが「業務」からイメージするのは、鉄工所なら「溶接加工」や「設計」などの業務のことです。物流会社なら「倉庫管理」や「集配業務」などです。しかし、これらから目標復旧時間を導こうとしても、実際にはほとんど失敗に終わっているのが現実です。たとえば工場などでは、受け入れから出荷までのプロセスが、全体を通して緊密に1本の流れの中に組み込まれています。製造工程Aが稼働停止したら事業にどんな影響が出るか、製品検査業務が止まったらどのくらい顧客離れが起こるか、何日以内にこれらの業務を再開できればセーフか、といった業務個別の目標復旧時間の見積りは不可能ですし、そもそも無意味です。

では、エイヤ！で社長に目標復旧時間を決めてもらうというのはどうでしょうか（実際によくあるケースです）。しかし社長と言えども、目標復旧時間の決定にリーダーシップを発揮するにはあまりに地に足がつかない気分でありましょう。「何のかんの言っても一日も早く生産を再開できるにこしたことはないよ」「手持ち資金が底をつく前に復旧が終われば御の字……」という漠たる期待を抱くしかありません。よくBCPのトップページに「当社の事業が中断した場合、目標復旧時間△日で復旧する」といった表現が掲げられているのを目にすることがあります。これもまた本来の目標復旧時間とは無関係な、△日までに復旧できていればいいなあという単なる努力目標、期待値に過ぎません。

■目標復旧時間は"MUST"ではない

　このように、目標復旧時間と業種・業務との相性もさることながら、これを決めるためのBIAもなかなかの難物です。中には早くからこの矛盾に気づいていたり、目標復旧時間の決め方がややこしいという理由で無視し、BCPには記載していない企業も少なくありません。これはこれで間違いではなく、むしろムダな時間と労力を省く賢明な方法と言えます。ここで、目標復旧時間を適用することの是非について本書の考え方を整理しておきましょう。ポイントは次の2つです。

①IT依存度の高い業種・業務に目標復旧時間が必要なら適用すればよい
　情報システム管理者が熟慮した上で、本当に必要と思うなら、これまで通りIT業務やデータの復旧指標としてのみ使うのが無難であろうという意味です。

②製造業その他の業種・業務に適用するのは避けた方がよい

　②の「避けた方がよい」理由は、業種や業務の性質上、目標復旧時間がなじまないことはすでに述べた通りですが、これに加えてもう一つ、仮に目標復旧時間を設定したとして、それをどこまでフォローできるかという最大の問題が控えているからです。「重要業務Xの目標復旧時間を3日間とする」と決めたら、まさに災害発生から3日以内にその業務を立ち上げる段取りをBCPに明記し、実際にそのための資源を確保しなければなりません。あなたの会社ではそこまで見据えて目標復旧時間を設定する覚悟（＝予算）はあるでしょうか？ということです。

　なお、IT依存度の高い業種・業務以外はすべて目標復旧時間の設定は不可能なのか、意味を持たないのかといえば、必ずしもそうだとは言いきれません。中には、緊急時に人の命や健康、環境を守ったり、社会的使命を果たすために目標復旧時間を設定するのが望ましい業種や業務があることも確かです。

　たとえば病院や高齢者介護福祉施設のBCPでは、緊急時の患者や入所者対応のための業務などに設定することができます（直ちに対応、後回しなど）。原発施設や有害物質を扱う工場などでは、周囲への甚大な影響を避けるための緊急対応の時間指標（発災後5分以内、30分以内に実施すべき活動など）を設定するでしょう。行政と災害時協力協定を結んでいる企業は、その使命を果たすために所定の時間内に業務を開始できるように目標復旧時間を決めておくことがあるかもしれません。

　ただし、こうした特定の業種や企業にとって必要な目標復旧時間は、BIAを通じてではなく、過去の経験や科学的、法的根拠、その組織独自の方針などに基づいて決めるのが習わしとなっていることは言うまでもありません。

4 「重要業務」は空っぽの箱!?

■「重要業務」の意味するもの

　本来の「重要業務」は、前に述べたように、ビジネスインパクト分析を通じて目標復旧時間と紐づけられた業務群のうちで、とりわけ緊急性の高い業務群のことを指します。しかも欧米的な慣習にしたがえば、これらのほとんどはコンピュータで入出力の処理を行うデスクワークのことを指しています。

　ところが日本の場合、少し事情が違ってくるのです。今現在、日本のBCPに見られる「重要業務」がどのような意味で使われているのか整理してみましょう。BCP関連のガイドラインや自治体や団体が公表しているBCP策定ガイド、筆者が多くの企業で見てきたBCP文書には、たとえば次のようなケースが散見されます。

（例1）複数のBCPガイドでは「中核事業＝重要業務」としています。本来「中核事業」は経営レベルの用語、「重要業務」は一つ一つの役割や機能を表す用語なのですが……。

（例2）避難誘導や安否確認、被害調査、ガレキの片づけなどを「重要業務」のリストに掲げている企業も少なくありません。

（例3）いわゆる会社組織の各部署が受け持つ○○業務、△△業務……の中から、主要な業務をリストアップしてBCPに記載しているケース。本来のBCPで言うところの「重要業務」と同じ意味合いです。

　（例3）のようなケースはともかく、なぜ（例1）（例2）のような変則

的な使い方が生じているのでしょうか。その理由は、ビジネスインパクト分析の具体的な実施方法がBCPガイドや市販のテキストから割愛されているからです。本来、業務が「重要業務」かどうかはこの分析を通じて目標復旧時間を紐づけてみてはじめてわかることですから、そのプロセスの説明がないということは、「重要業務」の意味が宙に浮いてしまうということになります。結局（例1）や（例2）のように独自の意味を持たせるほかはないのです。

とは言え、だからと言って「日本の"重要業務"という用語の使い方は正しくない」「"重要業務"はIT業務の意味に限定すべき」などと言い切るわけにはいきません。その意味合いや使い方はどうであれ、「重要業務」が決まっていなければ、ビジネスの機能を維持するために何をやればよいのか方向が定まらず、暗中模索状態になってしまいます。「重要業務」は事業継続計画の根幹をなす、きわめて重要なファクターであることは間違いありません。

■重要業務が"常に重要"とは限らない

ところで、企業というのは、常に最適解（「最大」と「最小」と言ってもよい）を探し求めようとするものです。売上と生産性は最大化し、その対極にあるコストは最小化するように意思決定し、実行に移します。ところがこれを組織論の視点で見た場合、「偶然が支配する複雑な状況下では、最適解といったものは存在しない」という考え方が通説となっています。たとえある時点で「最適」と思われる条件が揃ったとしても、経済環境や人心の変化、時間の経過にともなって、いつ最適ではない状態に転がり落ちるかわからない、というわけです。

ましてや偶発事象のかたまりのような災害においては、「最適解など存在しない」はあまりに当たり前な命題のようにも思えます。この通説はBCPにもかなり現実的な線で当てはまるのではないでしょうか。私

は東日本大震災以降、企業担当者の多くの意見を聞いているうちに、特にそう思うようになりました。中でも「重要業務」という概念はその最たるものでしょう。以下では「重要業務」を固定的に"最適解"とみなすことの危うさについて、私の考えを述べたいと思います。

　まず、原則論で言うところの「重要業務」がなぜ必要なのか、なぜその一つ一つに復旧のプライオリティを割り当てる必要があるのかを振り返ってみましょう。これは、事業が中断して一斉に業務が停止したとき、最も重要な業務機能から先に立ち上げるのが筋であるという、きわめて素朴かつ合理的な考え方に基づいています。これ自体はだれもが納得するところではあります。しかしここで問題なのは、一度決定した「重要業務」は常にそのまま重要である、会社が被災したらその順番で業務を立ち上げなければならない、と固定的にBCPに明記してしまうことです。

　次の重要業務A〜Cについて具体的に見てみましょう。災害が起こったときは各業務を「A→Cの順に立ち上げよ」とBCPに規定されているとします。

・A業務（生産計画）
・B業務（製造）
・C業務（検品・梱包・発送）

　さて、実際に被災したとき、たとえばA業務にはこれから生産計画に組み込む注文が2件入っていて、一方C業務には検品・梱包・出荷待ちの製品5台が保管されているとします。このとき社長は「何がなんでもA業務を先に復旧せよ」と命じるでしょうか。この場合はむしろ、A業務については2件の注文の受け入れをキャンセルし、製品5台を一日も早く出荷できるように、C業務の仕事場の復旧と業務の継続に注力するのが自然でしょう。被災時の状況次第で業務の重要度や復旧の優先度が

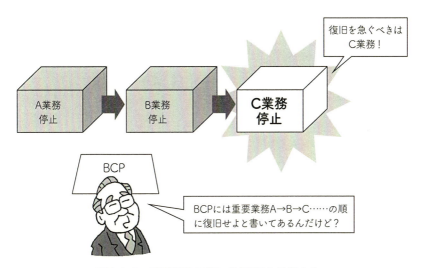

図表2-2：重要業務が常に"重要"とは限らない

入れ替わるのはよくあることです。この時点で固定的な"重要業務"は有名無実と化してしまうと言っても過言ではないのです。

■どの時点でどの業務が重要かはダイナミックに判定

このように実際の災害復旧では、たとえBCPに復旧優先度の高い重要業務が割り当てられていたとしても、フタを開けてみたらその業務よりも復旧を急ぐべき別の業務が控えていた、ということが多々あるのです。その業務が重要かどうかは被災した時点の状況に依存します。今日重要でなくても明日重要になるかもしれず、その逆もあり得るわけです。重要業務はダイナミックあるいは流動的な性質を持つということです。

しかしこのように書くと、欧米人は待ってましたとばかりに誇らしげに言うのです。「そのことなら、各業務のワーストケースに焦点を当てれば状況依存の問題は解決します！」と。ワーストケース（最悪のケース）とは、たとえば業務の処理段階や、繁忙期や閑散期といった時期的なサイクルが原因で重要度が変化するなら、最も負荷の高いピーク時を

想定して業務の重要度を決めればよいという考え方のことです（これまたいかにもIT的な発想ですよ）。

　残念ながら、ワーストケースを設定したとしても堂々巡りであることに変わりはありません。理由の一つは、すべての業務をワーストケースで重みづけしたとしても、実際にはその時々でどんな変則的な対応を迫られるかもしれず、常にそれらの業務だけが優先される保証はどこにもないこと。もう一つは、災害はワーストケースという特別な「点」で起こるよりも、それ以外の通常期、いわば「面」のどこかで起こると考える方が確率的に自然だからです。ワーストケースは一時的なピーク時の想定に過ぎず、この基準に沿って重要業務を設定し、行動を起こせば、勇み足や過剰反応となり、硬直的で木を見て森を見ない対応となる可能性が高くなります。

　以上のように、原則的な考え方で扱おうとすると、いろいろとワケのわからないことになってしまいます。目標復旧時間しかり、重要業務しかりです。そこで本書では重要業務の意味と位置づけ、扱い方については、次のような考え方に改めました。まず大前提として、重要業務はビジネスインパクト分析や目標復旧時間の設定といったややこしいプロセスを経て導かれるものである、という考え方を捨てること。その代り、単純に**「災害時に他を差し置いてもこれだけは率先してやり遂げなければならないとする業務のこと」**と定義する。どうやって重要業務を特定するのか。「BCPの目的」から直接導けばよいのです。日々のルーチン業務の中から経験的に重要と思える業務をリストアップするだけです（詳しくは第7章を参照）。

❺ 「代替手段」を考えすぎると破たんする!?

■ BCPを特徴づける戦略的な仮復旧手段

　BCPをBCPたらしめている要素の一つに「代替手段」があります（代替手段は事業継続戦略と呼ばれることもある）。代替手段を実行に移すとは、復旧に時間がかかりすぎて顧客離れや資金不足に陥り、事業の存続が危うくなることのないように、本格的な復旧が完了するまでの間を仮復旧手段でしのぐということです。しかしその実現性となると、なかなかハードルが高いのです。どのような意味でハードルが高いのかを述べる前に、BCPにおける「代替手段」の意味について少し詳しく触れておきましょう。

　次のように重要業務A〜Cがあり、それぞれに目標復旧時間 a〜c が割り振られています。

　A業務：a時間（目標復旧時間）
　B業務：b時間
　C業務：c時間

　ある時、災害が起こって事業が中断してしまった。取り急ぎ重要業務A〜Cをいつから再開できるか調査したところ、いずれの業務も本格復旧を終えるまでにはかなりの時間を要することがわかった（つまり、それぞれに割り振られた目標復旧時間を大幅に超えると予想されるということ）。したがってこの場合、事の成り行きに任せて復旧を進めていたら、顧客や取引先との約束を果たせなくなり、信用を失うかもしれない。したがって、すでに設定してある目標復旧時間a〜cの時間内に何とか仮復旧し、顧客や取引先への影響をなるべく小さくしなくてはならない。

では、それぞれの目標復旧時間内に仮復旧するためにはどんなことをやればよいか。そのための段取りを組み、仮復旧に必要なさまざまな資源（人、モノ、情報その他）を洗い出して、万一に備えてこれらを適切な場所にスタンバイさせておく。これがBCPの原則論で言うところの「代替手段」です。つまり、重要業務Aをa 時間以内に立ち上げるためには、どんな段取り・準備・事前対策が必要か、重要業務Bをb 時間以内に立ち上げるにはどんな段取り・準備・対策が必要か……ということです。

　おそらく読者のみなさんの中には、これを読んでため息が出た人もいることでしょう。いったいこんなことが実現できるのだろうか。果てしなく時間とお金がかかるのではないだろうか……。気が重くなるばかりです。しかし代替手段に対する認識は、欧米と日本とではだいぶ温度差があることも事実。理由はもうおわかりかと思いますが、その違いはIT文化と防災文化の違いと言ってよいものです。

■ITでは実現できる可能性がある
　欧米のBCPはITがベースとなっています。彼らがBCPの「代替手段」について議論するときは、多くの場合、IT業務の代替方法を検討することを意味しています。先ほどの重要業務A～Cとそれぞれの目標復旧時間a～cを次のような具体的な例に差し替えて見てみましょう。

　　A．注文処理システムを使用する業務：24時間
　　B．顧客管理システムを使用する業務：72時間
　　C．経理システムを使用する業務：2週間

　そしてA～Cの各業務について、BCPの検討会議で次のような代替案が決定したとします。
A：被災後24時間以内に代替サイトAに切り替え、スタッフを派遣し業

務を続行する
B：被災後72時間以内に必要な機材・データ・人員を代替サイトBに移行し、業務を再開する
C：本格的な復旧が完了するまで、経理業務全般を手書きで対応する

　ひと言で言うと、重要業務AとBについて目標復旧時間内に復旧を終えるのが難しい場合、あらかじめ用意した代替サイト（代替施設）を活用して急場をしのぐということです。なにぶんこれは欧米のBCPの事例ですから、ここで言う代替サイトはITのバックアップ施設のことを指すわけです。すると、重要業務Aの「代替サイトに切り替え……」とは、いわゆるホットサイト（IT機能をフル装備したバックアップ施設）のことを指し、重要業務Bの「必要な機材・データ・人員を代替サイトBに移行し……」はコールドサイト（基本的なインフラ設備のみを備えた代替施設）のことと理解できます。

　ITのバックアップサイトはすでに商用化されているサービスです。したがって、この例のように代替手段をITに限定して検討すれば、おおむね現実的な線で実現することができるでしょう。ところが日本のBCPの場合、とくに製造業などでは「代替サイト」に相当するものが「代替工場」のこととして受け止められてしまいます。つまり「代替生産をどうするか」という、とてもハードルの高い議題に格上げされてしまう。ここに代替手段の実現性が遠いてしまう原因があるのです。

■モノづくりの分野にとっては手の届かない対策
　日本のBCPの特徴は、欧米ではITのために適用されている代替ノウハウが、工場のような大規模な設備資源などに適用されている点にあります。しかし工場独自の構成と技術で成り立っている要素をバックアップするということは、離れた場所に同じ工場を持つ、同じ規格や仕様の

原材料や部品の調達システムを二重・三重化する、あるいは別工場の中に代替ラインを確保するという意味に他なりません。そのため目標復旧時間に合わせて生産を再開しようとすると、とてつもなく複雑でお金のかかる要件を検討する羽目になってしまう。たとえば次のようなことです。

- 他の工場の設備を借りて代替生産する場合、タイムリーにその工場のラインを借用できるか？
- 生産要素を被災工場から代替工場にシフトするには、どれだけの時間と費用がかかるか？
- 他社に生産を委託するための要件は何か？（原材料の規格と品質、製品仕様、製造日数など）
- 他社に生産を委託することで発生する財務リスクと転注リスクはどれだけ見積もればよいか？
- 代替生産した製品に対するクレームと責任はどちらが受け持つか？
- 代替生産終了と本工場の再稼働に伴う追加的な費用・時間その他の条件は？
- その他いろいろ……

これだけでも代替案の検討と決定にかなり時間とパワーを割かなければなりませんが、いざそれがBCPに現実的な対策として採用されたアカツキには、今度はその代替案を実現するための予算を確保し、導入のために新たなパワーを割かなくてはならない。しかしどうのこうの言っても、これはあくまで「こうなった時にこう動けばうまくいくだろう」という机上での推定がもとになっているわけで、どんなにコストと労力をかけても確実にそのとおりに実行できる保証はありません。マーフィーの法則にはこんな言葉があります。「すべての解決は新たな問題を生む」「もっと簡単な方法がかならずある」。災害のような予期せぬ事

態に対処する際には、このことを心の隅にとどめておきたいものです。
　結局モノづくりの世界における「BCPの代替策」というのは、限りなくお金と手間がかかり、おまけに万一の際にも確実にリターン（防災・減災価値・顧客の信頼維持）を生むとは限らない、とても非効率的でリスキーな対策ということになってしまうのです。もし「代替生産」が可能とすれば、それはその企業が持っている資源の充足度、資金力、技術力、経営陣の顔の広さ、信用力など総合的に勘案したところに見えてくるハイレベルな対策であろうと思います。

　たとえば、東日本大震災では大手パソコンメーカーF社の東北工場が被災しましたが、ただちに他県にある別の工場に生産体制を確立して事業を継続しています。こうしたケースはBCP的には模範的、理想的なものではありますが、まさに模範的、理想的であるがゆえに多くの中小企業にとっては手の届かない対策だという現実があります。一般的な中小企業の場合、自社の対応及び管理の能力を超えないレベルの代替策とし、もっぱら現場の復旧に注力することを最大の目標とする（合理的な代替生産の方法が見つかれば、もちろんそれにこしたことはない）。このあたりが無難なところではないでしょうか。

■実現性に疑問が残るその他の代替手段

　ここではこれまで述べた以外に、条件をうまく整えられる一部の企業をのぞいて、一般的な代替手段として取り入れるにはやや無理がありそうな項目をいくつか掲げてみます。

(1) 従業員一人ひとりに複数のスキルを身に付けさせる
　今日ではさまざまな分野でマルチスキル化が提唱されています。が、これは高度な技術やスキルの継承といった、健全で明確な目的を持っていることが条件となるでしょう。災害時には人手不足を補うために残っ

た従業員一人ひとりに復旧活動の多大な負荷がかかることを考えると、この方法の適用には慎重にならざるを得ません。ちなみに欧米の場合、代替要員に求められる知識やスキルは、だれでも業務マニュアルを読めばすぐに理解でき、欠員が出たときは直ちに補充できる程度の一般業務のことを指していることが多いようです。

(2) 原材料や最終製品の在庫を増やす

　これは典型的な事業継続戦略として広くBCPのガイドラインや教科書に紹介されている方法です。しかし、多くの製造業では在庫を持たないことが習慣化しているため、いまさらいつ起こるかわからない災害に備えて在庫を増やすことは考えられません。在庫を積み増しすることで恒常的に抱えるコストと、災害の影響によって一時的に生じる損害（欠品や品薄、ラインの停止、顧客への影響）とを天秤にかければ、後者の方が小さい（＝受容可能なリスク）だろうから、度外視するのも已むなしというのが経営者の判断でしょう。

(3) 仕入先のマルチソース化とペナルティ

　これらもBCPの典型的な代替手段です。企業によっては、ふだんから同等の品質・スペックを持つ原材料や製品を複数の仕入れ先から調達するというのはよくある話。これはこれでよいのですが、A社から調達できないときはすぐにB社から、という方法は高度な製品には実現不可能な話で、これが可能なのはどこからでも入手可能な汎用品や一般消費財に限定されるでしょう。後者の「ペナルティ」も日本にはなじみません。天変地異の多い日本で、災害で供給責任を果たせないからと言ってその仕入先にペナルティを課すようなことは考えにくい（＝免責条項があるので）し、もしそうなったら日本の企業は生き残れません。

競争社会に「困ったときの助け合い」は甘すぎる

■ "ニュースなBCP"は文字通りニュースでしかない

　BCPは、必ずしも欧米だけが専売特許というわけではありません。日本の過去の災害を振り返ってみても、事業を継続しようとする情熱と知恵と工夫を感じ取ることのできる事例も少なくありません。1社単独ではなかなか復旧が進まない中、同業他社や下請け企業がすばやく業務の立ち上げや復旧支援のために手をさしのべ、危機を乗り切ったストーリーなどは実に感動的なもので、たびたびマスメディアにも取り上げられたりします。次の2つもそうした典型的な例でしょう。

①新聞社の協力と連携

　1995年の阪神淡路大震災で、神戸新聞社は本社も印刷工場も壊滅的な被害をこうむりました。未曾有の大災害という現実を前に、1300人の社員が一つの目標の達成のために立ち上がりました。それは「新聞を出すこと」でした。これを可能にしたのが、神戸新聞社がいざというときのために京都新聞社と結んでいた災害協定だったといいます。大地震のあった当日、社屋はすでに立ち入りできないひどい状態だったので社員たちはその場を離れ、空きビルの1室を借りて仮設の編集局を立ち上げました。編集者は急いで京都新聞社へ駆けつけ、印刷原版を作らせてもらい、それをバイクで神戸市郊外の印刷工場まで運んでもらったと言います。輪転機が回り、わずか4頁ながら当日の夕刊は発行されました（『神戸新聞の100日』神戸新聞社著、角川アソシエ文庫より）。

②自動車部品メーカーを支えた力

　2007年に発生した新潟県中越沖地震で、ある自動車部品メーカーは

被災して生産を停止してしまいましたが、わずか1週間後にはかろうじて操業を再開することができました。被災直後から大手自動車メーカー各社や地元取引企業、そして地元住民など、多くの関係者が駆けつけ、支援と協力を惜しまなかったことが早期復旧につながったとされています。この事例では、大手主要自動車メーカーには、被災した部品メーカーからの供給が止まると自社の生産ラインも止まってしまうという切迫した危機感がありましたし、地元の人々も、経済的な影響を危惧したことは想像に難くありません。

　これらのケースはまさにBCPの模範もしくは理想であり、ぜひとも多くの中小企業にも見習ってほしいと思うのですが、実はなかなか一筋縄ではいかないこともあるようです。

■「企業同士の助け合い」の理想と現実
　大規模自然災害ではさまざまな想定外事象が起こります。このとき、豊富な経営資源を持つ大企業は自らの力を駆使して危機を生き延びることができますが、限られた経営資源しか持たない中小企業は自助努力に限界があります。したがって、その限界を超える部分を他の方法でカバーしようとすれば、他社との"協力と連携"が視野に入ってくることになります。日本では、とくに東日本大震災以降、こうした見方が一般的となっています。
　私もこの考え方に賛同し、BCPの策定指導やセミナー、本や寄稿記事を通じて積極的にアピールしてきました。ところが、実際に企業の側から聞こえてくる声に耳を傾けているうちに、私はだんだんと違和感を覚えるようになりました。
　どんな違和感かというと、どうも「中小企業の自助努力には限界がある」と「だから企業同士の協力と連携が必要だ」との間には目に見えない溝が隔てている。どの企業も無条件に受け入れられる望ましい方法と

は言いがたいのではないか、と思うようになったからです。たとえば、企業担当者の中には次のようなコメントを述べる人たちがいます。

- 「自社の独自技術があるから、おいそれと他社と協力関係を結ぶわけにはいかない」
- 「カタチだけの約束で、本当にいざというとき相手が支援協力してくれるものだろうか？」
- 「同業者に代替生産を頼んだら、うちのノウハウと顧客をとられてそれでお終いですよ」
- 「こちらが支援協力した分の費用はだれが負担してくれるの？ 助け損になるだけでは？」

"目に見えない溝"とは、こうした各社それぞれの意見を指しています。企業同士の助け合いといっても、いろいろなチャネル、形態、密度の協力関係が考えられますから、一概に上に述べたようなネガティブなことばかり起こるわけではありません。しかし、こうした意見からくみ取れるのは、中小企業は自助努力に限界があるからといって、そうやすやすと他社と手を組もうとは考えていないという姿勢です。マスメディアが注目するような関係を構築するのはカンタンではないのです。

■災害に備えるパートナーシップが進まない二つの理由

このように、中小企業自らがBCPパートナーシップを模索することには、理想と現実の隔たりがあるように思います。ではその隔たりとは何なのか。考えられる理由は次の二つです。

一つは、企業社会は基本的に「競争社会」であることです。他社よりも一件でも多く顧客を獲得し、1円でも多く売上を上げる。技術ノウハウも、社内事情も決して外部には漏らさない。時間をかけて築いてきた

顧客との信頼関係とロイヤルティは死守する。表向きは紳士的なビジネスパートナー同士といえども、昨日の友は今日の敵であることに変わりはない……。企業はこのような競争関係の中で一日一日を生きています。災害の時だけはお互いに助け合いましょうと握手を求めるのは、ある意味自ら折れて自社の弱みをさらけ出すことでもあるわけです。

　もう一つは、企業は「利害関係」でつながっていること。利害の伴わない関係構築は考えられません。A社とB社が災害時支援協定を結んだ。ある時災害が起こってB社がSOSを求めた。もしこのときA社の業績が振るわず1円でも多く経費を節約したい、あるいは人手不足で猫の手も借りたいほど多忙だとしても、B社の支援要請に応じなければならないのでしょうか。
　通常、契約が成立するためには双方の利害が一致しなければなりませんが、この種の約束にはそれがありません。助けるか助けてもらうかどちらかであって、今回助けてもらったから次はうちの会社があなたの会社を助ける番です、とはならない。その意味で利害意識（それぞれのメリットやモチベーション）が脆弱かつ曖昧であり、中小企業にとっては義務的に感じる一方であまりメリットがあるとは思わないでしょう。

　多くの中小企業が企業間連携に前向きになれない理由は、こうした理由によるものと私は考えています。しかし、連携の意義そのものを否定するわけにはいきません。**中小企業のBCPには何らかの共助の仕組みがないと、万一の際に立ち行かなくなることは確かです。**それはおそらく、BCPに代替戦略として盛り込めるようなものではなく、事後的になんとか生き残る道を模索する過程で見えてくる方法だと思います。ざっくり言えば、緊急時に組合や団体組織などが仲介役となって中小企業どうしを結び付けたり、一社単独では確保できない資源をグループで調達するといった方法が考えられるでしょう。

"大地震に備えるBCP"にはついていけない

■習慣の中に存在しない"危機"

　BCPには、一つ大きな弱点があります。せっかくBCPを策定するために必要な知識をたくわえ、それらをもとに理詰めで組み立てていこうと思っても、その前提となる「危機」や「リスク」といったものは、知識や理屈でとらえられないという事実です。結局私たちは、自分の経験や感覚的な判断をもとにして、起こり得る危機やリスクの度合いや影響の大きさを推し量るしかありません。そして多くの場合、一人の人間が人生で劇的な災害や事故に遭う頻度はけっして高くはありませんから、その判断もかなり過少評価ぎみになるでしょう。次のコメントなどはBCP策定の現場でよく耳にします。

・うちの工場は一度も火災を起こしたことはない。だから防災対策は不要だ。
・ここは一度も自然災害の起こったことのない恵まれた土地だ。何の心配もない。

　このように考える人たちは、消火器を設置したり、訓練をしたり、あるいは大地震に備える対策を少しも必要とは感じないでしょう。また、これに加えて経営の状態や社内の文化も影響を及ぼします。
　たとえば、業績があまり芳しくない会社の場合はBCPなどにはあまり時間をとられたくない、それどころではないと考えます。逆に業績が好調で気持ちが大きくなっている会社では、危機やリスクなんてへっちゃら。被災しても復旧するぐらいの資金は十分手元にあるよ、という姿勢になります。また、先代から引き継いだばかりの経験の浅い若社長

のいる会社などでは、古参社員の「その対策、いるの？」の一言が防災やBCP対策の必要性を一蹴することもあるでしょう。中小企業の場合は、このような背景的な事情も大きく影響しているものと思います。

　ヒュームという哲学者は、「今日までと同様に明日もあると確信できるのは、経験によるものに過ぎず、明日があることを保証するものは何もない」と語っています。これは危機やリスクに対する私たちの感じ方にも当てはまります。今日まで何事もなく事業を営むことができたのだから明日もまた同じにきまっている、と。しかし明日もいつも通りに営めることを保証するものは何もないわけです。BCPを作ろうと考えたら、曲がりなりにも「危機」をイメージできないと、それがBCPの出来不出来を大きく左右することになります。

　そして、すべてとは言いませんが、危機やリスクをイメージしたことのない企業担当者にとって、BCPを最後まで完成させるのはなかなか容易ではありません。多くは数週間後には書類の一番下に埋もれ、埃をかぶり、いずれ机上整理の際にシュレッターにかけられておしまいです。彼らの目下の関心事は仕事上の問題や課題を解決することであり、災害の危機などというのは、交通事故のリスクよりもずっと現実味のとぼしい仮想上の話に過ぎないわけです。

■イメージしにくいリスク
　危機やリスクをイメージすることの大切さは今、述べた通りですが、これを阻むもう一つの要因があります。その要因とは「イメージしやすいリスク」と「イメージしにくいリスク」があるということです。ここでは災害のリスクを便宜的に「被害」と読みかえ、大地震を例に「直接的被害」と「間接的被害」の二つに分けて説明したいと思います。
　「直接的被害」は人やモノ（事業資産など）がストレートに受ける被

害を指します。人ならケガをしたり命を落としたりすること、モノなら転倒や落下、衝撃、水没などによる倒壊、破壊、故障などを指します。災害から私たちがすぐさま思い浮かべるのは、ほとんどの場合この「直接的被害」の方です。大地震が起こる。オフィスの中ではモノが倒れ、落下し、足の踏み場もないほど器物や書類が床一面に散乱する。工場では建物全体がガシャガシャと揺れ、あるいは軋み、重心の高い装置がガラガラドスン、とものすごい音をたてて倒れる、天井クレーンが揺れて脱輪する……。目の前でどんなことが起こるかは、わりと容易にイメージできるのではないでしょうか。

一方、こうしたイメージしやすい被害とは裏腹に、ふだん考えたこともないし、気づくこともない、つまりなかなかイメージしにくい被害もある。それが「間接的被害」です。どのようなことが間接的被害なのかは図表2-3をご覧ください。

一言でこの特徴を述べるなら、「寝耳に水」や「バタフライ効果」的な思わぬ想定外の事態や影響をもたらすやっかいな被害のことです。企業にとってこれが最も意識されにくいのは、自社が直接被災する可能性

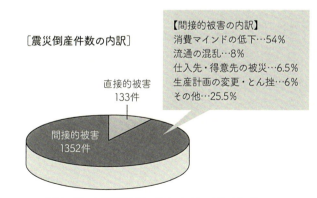

出所：帝国データバンク特別企画『東日本大震災関連倒産』（発生から3年）の内訳と今後の見通し」（2014年度）の統計データ（震災倒産件数の内訳）を参照して作成。

図表2-3：間接的被害は多種多様

が低く、十分守られていると信じ込んでいるときです。防災対策はすでに講じている。この地域には活断層もなければ津波が来るおそれもない。したがってうちの会社が震災の影響を受ける可能性は限りなくゼロに近い……。

　このように大規模自然災害などでは、「イメージしやすいリスク」だけでなく、「イメージしにくいリスク」も勘案してBCPを作らなければなりません。いわば目の届かない範囲まで考慮するわけですから、初めてBCPを作る企業にとってはのっけからトータルな検討を迫られることになるわけです。

■中小企業にBCPが普及・定着しない根本的な理由

　ところで、みなさんの会社では、定期的に「防災訓練」を行っているでしょうか？　一般に防災に関する統計を見ると、企業の防災訓練の実施率はけっして低くはありません。しかしこれは、防災やBCPに対する関心や意識の高い企業が回答率の高さに貢献しているためで、実態は必ずしも楽観できるものではないように思います。これまでさまざまな中小企業向けのBCP策定指導や講演を経験してきた私個人の印象としては、中小企業10社中、防災訓練の経験のある会社は1、2社あるかないかという悲観的なものでした。

　なぜ防災訓練をしていないのでしょうか。「消防署に頼めば無料で防災訓練を指導してくれるとは知らなかった」という企業も少なくありません。しかしこれを額面通りに受け取ってよいものかどうか。むしろ「消防署を呼べば防災設備の不備を指摘されるかもしれない。余計なことに時間をとられても困る」というのが、本当の理由ではないでしょうか。中には「屋内消火設備を設置した際に消防署立ち合いで一度だけ使い方を教わったが、改まって訓練などやるつもりはない」と堂々と開き直る

人もいます。

　防災意識の希薄な中小企業にとっては、BCPを策定するどころかその必要性を実感すること自体ハードルが高いわけですが、ここにもう一つ、さらにハードルを嵩上げする要因があります。それは国や自治体が、のっけから「大地震」を想定したBCPの策定を勧めていることです。首都直下地震、南海トラフ巨大地震……。確かに大地震対策は切迫した問題ではありますが、防災訓練一つやったことのない、あるいはするつもりのない中小企業に向けて、いきなりコレを作りましょうと呼びかけるには、だいぶ無理があるのではないでしょうか。大地震から会社を守るBCPというのは、避難手順書一つ作ったことのない彼らにとっては、取りつく島のない漠然とした目標でしかありません。

Coffee Break 1

リスクへの対処は逆転の発想で！

　あるリスクを封じ込めようと考えたら、リスクの性質をよく知ることはもとより、これに対処するための「範囲」と「方法」を決める。これが私たちのいつものやり方です。以前コンピュータウイルスに侵入され、機密データを盗まれた経験があるなら、社内のPC○台（範囲）に、ウイルス対策ソフトをインストールして監視する（方法）、といったことです。

　しかし、これだけでは必ずしも万全ではありません。ウイルス対策が功を奏すれば、ユーザーはこの種のリスクに注意を払わなくなるからです（これもまた新たなリスクです！）。その一方で、この範囲に含まれなかった他のリスクは、依然として残り続けることになります。機密ファイルをUSBメモリに落として持ち帰り、自宅のPCで作業をする、重要廃棄書類をシュレッターにかけず古紙に混ぜて出してしまう、といったことです。

　そもそもこのリスク対策の本質は、「重要なデータが外部に漏れては困る」ということですから、まずはここからスタートしなければなりません。「データが漏洩する」という問題を中心として、そこに至るさまざまな原因やきっかけを「放射状」に書き出してみると、いろいろなリスキーな側面が見えてきて、冒頭に述べたような単刀直入な発想だけでは対策として物足りないことがわかるのです。

　もちろん、たくさん書き出せば、それだけリスク対策も増えて手に余ることになりますから、最も重要な（頻繁に起こりそうな）ものから順に重み付けを行なうようにしましょう。そうすれば、対策を急ぐべきものと後回しでよいものの区別がつきやすくなるでしょう。

第二部　命と会社を守るリアルBCPの作り方

第3章 "これからのBCP"のアプローチ

　ものごとは何でもそうですが、あまりに合理性を追求しすぎると、融通の効かないガチガチの考え方や行動の仕方になってしまいます。つまり、災害から守るべき対象や範囲を合理的に絞り込もうとすれば、それだけ想定外を増やすことになるのです。ここではその反省に立ち、そこそこの満足水準でBCPをプランニングする「とりあえず主義」に基づくBCPを提唱します。

危機に合理的な考え方なんて通用しない

■BCPといえども復旧の速さは"偶然"に左右される

　トヨタ自動車は、2016年2月の愛知工場の爆発事故、そして4月に熊本・大分で発生した大地震の影響により相次いで各工場の生産停止を余儀なくされました。2011年の東日本大震災から5年、大企業のBCPはかなりの進化を遂げたのではないか、どんな災害が起こってもすばやく事業を再開するための力をつけてきたのではないか。そう考えていた人々にとっては少し意外な話かもしれません。

　しかし、ここで私たちは、手の届かない理想的なBCPへの思いはひとまず脇へ置いておいて、BCPにできることとできないことの現実として次の二つを理解しておかなければなりません。一つは「BCPといえども復旧の速さは"偶然"に左右される」こと。もう一つは「BCPを合理的に作ろうとすればするほど抜け漏れだらけになってしまう」ことです。ここでは前者について説明します。先ほどのトヨタ自動車の熊本地震の影響について見てみましょう。

　同社では大地震発生後、九州各工場の製造ラインを「段階的に止めます」と発表していましたが、その後まもなく「段階的に稼働を再開します」との方針に変更しています。5年前の東日本大震災の時よりだいぶ早い復旧です。この違いはどこにあったのでしょうか。東日本大震災時のときは代替の効かない特注品（アキレスけん）を作る工場が被災して復旧が長引きましたが、今回は別の工場で代替生産できる部品だったこと、東日本大震災の経験から多くの代替部品調達先をデータベース化していた、などが主な理由のようです。

トヨタでは供給部品の70%は特注品であると言われています。今回は別の工場で代替生産できる部品であったことが幸いしましたが、被災した工場が「アキレスけん」ならば組み立てラインもストップしてしまうわけで、その確率は依然として低くはないでしょう。おまけにデファクトスタンダードとも言えるカンバン方式が広く採用されていますから、たとえ代替調達先のデータベースを駆使したとしても、このような体制が復旧を長引かせる可能性は否定できません。大地震が起こった場所、工場の立地条件、その工場が製造しているパーツが特注品か汎用品か、繁忙期か閑散期か……といった複数の偶然が、復旧の速さに影響するわけです。

これは製造業に限ったことではありません。まったく別なケースをシミュレーションしてみましょう。東南アジアに事業拠点を持つ物流企業があるとします。この会社はBCPに「洪水の危険が迫ったらトラック100台を高台に退避させる」と規定してありました。しかし2011年にタイで発生した大規模な洪水のように、平野一帯が冠水し、何週間も水が引かない事態が続けば、退避させたトラックは被害を免れてもBCPの目的である緊急輸送ニーズを満たすことはできません。これもまた偶然のなせるわざでしょう。BCPはこうした偶然に抗するすべは持っていません。事後的に最善を尽くすほかはないわけです。

■"どこから見ても合理的"は抜け漏れの宝庫

ビジネスの世界は、常に「最適」「最大」「最小」といったエクストリームな結果を求めて活動する世界です。最適な顧客ニーズを満たす商品を開発し、利潤の最大化とコストの最小化、あるいは株主価値の最大化を目指す。限られた時間の中で、限られた資本と資源を最大限に活用しようとすれば、やはりどんなアウトプットにもアタマに「最」の字がついて回ることになるのでしょう。

このような姿勢がしっかりと組織に根付いているわけですから、当然のことながらBCPの策定にも同じ姿勢が反映されていると考えてもおかしくはありません。中核事業の選定から始まり、被害想定、目標復旧時間、重要業務、代替戦略に至るまで、すべてを合理的に見積もり、絞り込み、最終的に残った「コア」の部分を守るための最適なBCP対策が講じられる。目に見える効果を期待してBCPを作ろうとすればするほど、理詰めで組み立てられた完全なる1本のストーリーに近づいていく……。

　一般に私たちは、問題を解決したり意思決定したりするとき、なるべく誰が見ても「合理的だ！」と思えるアウトプットを導こうと努力します。前にお話ししたサイモン先生は、どこから見ても合理的であるための条件を次のように述べています。「あらゆる選択肢を全体的に見渡せること／選択した結果が全体にどんな影響を与えるかすべて知りつくしていること／起こり得るすべての選択肢の中から正しい評価システムを適用して選択できること」。ところがこう述べた上でサイモンさんは、「どこから見ても合理的なんてあるわけない！」と完全否定するのです[3]。

　その理由の一つは、どこから見ても合理的であるためには、一つ一つの選択肢を実行した際にすべての結果が完全に予想できるものでなければなりません。しかし現実には、完全になんてまずムリな話で、ほとんどは部分的で不完全なものに過ぎません。次に、一つ一つの選択肢を実行したときの結果は将来のことですから、それを予想する人たちの想像や経験的な知識で補うしかありません。しかし予想したときに「これはベスト！」と思い込んだことと実際の結果が異なるのは世の常ですから、

---

[3] これは「限定合理性」または「限られた合理性」と呼ばれている説で、ハーバートサイモン著『経営行動』（ダイヤモンド社）の中に見られます。

ベストとみなした価値の評価もまた、不完全なものにならざるを得ません。

　このことは、BCPの原則論に見られる方法や手順、そしてこれらを活用しようとする私たちの姿勢にもピッタリ当てはまります。かつてマスメディアに飛び交った「これからは想定外に対処できるBCPを作らなければダメだ」といった無茶な意見も同じ。「どこから見ても合理的」を目指しているのではないかと疑ってしまうわけです。では、危機やリスクに対して、私たちが期待するほどには合理的な行動がとれないとすれば、いったいどうしたらよいのでしょうか。

❷ 使えるBCPを作るコツは「とりあえず主義」

■望ましいのはソコソコの満足水準

　「どこから見ても合理的な行動」なんてとれっこないとすれば、これに代わる考え方はあるのでしょうか。先を急ぐ前に、そのヒントとなる身近なケースを考えてみましょう。

　ある日、Tさんは会社から海外出張を命じられました。外国人のネゴシエータと英語で交渉し、何としても契約を成立させなければなりません。さて困った。Tさんは英会話が大の苦手ときている。まあ焦ってもしょうがないから目下の問題を整理してみるしかありません。
　問題の核心は「英語による意思疎通がはかれずに交渉が失敗する」というリスク。意味不明なことをしゃべれば相手に伝わりません。気合を入れて一字一句を正確に話そうとすれば、これまた間が空いてギクシャクした会話になってしまう。どのみち不自然極まりない交渉になり、赤っ恥をかいてハイそれまでヨになるかも……。このように考えた末、Tさんが苦肉の策として思いついたのは次のようなことでした。

- 目指すべきは流ちょうな話し方よりもスムースな会話のやり取り
- フレンドリーな姿勢と必要なら何度でも聞き返す図太さ
- 肝心なところだけは正しく伝わるように用語と言い回しをしっかり暗記しておく

　交渉成功のカギは、フレンドリーな第一印象であるとはよく言われることです。まず相手に会ったらNice to meet youで始める。リラックスと笑顔。あとはポイントを押さえた専門用語のみしっかりした発音で話

し、しっかりと相手の返事を聞き取る。聞き返したり筆談することも辞さない。これでOK。Tさんの交渉はきっとうまくいくでしょう。ここでは「正確な話し方、聴き取り方よりもスムースな会話のやり取り」にウェイトをおいています。どうせ流ちょうに話したり完璧に聞き取ったりすることはできないのだから、自分にできる範囲でベストを尽くそうとする姿勢があります。

　Tさんの例のように、とりあえず自分（たち）にできるレベルで合理性を追求するやり方を「とりあえず主義」と呼びます[4]。「どこから見ても合理的」が期待できないならば、その代りとなるのが「とりあえず主義」なのです。しかしこれは、合理的な行動をあきらめることでも、どうでもいいような易きに流れることでもありません。"そこそこの満足水準"を模索することなのです。このあたりを「緊急時のコミュニケーション」と「防災対策」に当てはめて、もう少し掘り下げてみましょうか。

■緊急時のコミュニケーションにおける満足水準

　予期せぬ事態が起こったとき、身の危険や事業への影響を最小限に食い止めるためにはベストな行動を選択しなければなりません。その中で、どんな人にも共通する最も迅速にとらなければならない行動の一つが「コミュニケーション」です。社員同士で声を掛け合う、110番や119番へ通報する、得意先に注文品出荷の可否や遅延状況を伝える、会社から市民に被害の影響の大きさを知らせる……。

　こうしたいくつかのパターンの中で、もっともやっかいなのがクライ

---

[4]「とりあえず主義」という言葉は、一般用語に近いので、わざわざ注釈で断るまでもないかもしれませんが、念のため出所を明らかにしておきます。一つは『アベノミクス批判－四本の矢を折る』（伊東光晴著、岩波書店）の第3章。もう一つは『人間、とりあえず主義』（なだいなだ著、筑摩書房）。どちらも、是か非かではなく、文字通り「とりあえず」的な姿勢で臨むことを意味してこの言葉を使用しています。

シス・コミュニケーションと呼ばれている外部に向けたコミュニケーションです。個人情報の漏えいや工場火災、食中毒問題、不祥事などの対応では、この種のコミュニケーションにまつわる失敗例はあとを絶ちません。事態を早く収拾し、信頼を取り戻すために述べた発言やメッセージが、余計に誤解を招いたり非難を浴びて信頼を損ねる結果になったりするのです。

　たとえばこんなケース。ある大手教育事業者から膨大な数の顧客情報が流失しました。同社はただちに世界最高水準の情報セキュリティ会社を設立し、教育基金を設けるなどして社会的責任を果たしていることをアピールしました。しかし会員数減少に歯止めがかからず、35%も顧客離れが生じたといいます。また、ある大手ハンバーガーチェーンでは異物混入騒ぎが相次ぎ、SNSを通じて広く拡散しましたが、「これらは消費者個人と店との問題であり、会社全体として対策を講じる予定はない」と突っぱねました。これも会社側からみればそのとおりなのでしょうが、消費者としては納得がいかなかったでしょう。

　なぜ危機対応のコミュニケーションがうまくいかないのでしょうか。リスク心理学の研究者である中谷内一也さんによれば、ものの見方とか社会のあり方に対する意見とか、主要な価値を共有しているということが人を信頼する大きな要素になる、ということらしいのです[5]。逆の見方をすれば、相手と同じ価値を共有していることが伝わらない限り信頼は得られない。会社の方針としてこうだとか、社会的責任は果たしているつもりだ、コンプライアンスには抵触していない、みたいなことをいくら強調しても、「オマエらに私たちの気持ちがわかるか！」となってしまうのです。

　このような場合、「とりあえず主義」ではどう対処するのでしょうか？

---

[5]『リスク心理学が読み解く「一般市民のリスク感覚」』http://www.pvc.or.jp/news/63-2.html より。

まずは相手と同じ目線に立った率直な言葉を伝える、これが第一でしょう。「私どもも自分の個人情報が漏れたりしたらとても不安になります」「おいしいと思って食べていたハンバーガーに異物が混じっていたら不快ですから、皆さまの気持ちはよくわかります」と伝える。とりあえずお客さまの気持ちをくみ取る。とりあえず謝る。これが危機対応のコミュニケーションにおける「とりあえず主義」となるわけです。

■防災対策における満足水準とは

　次に「とりあえず主義」を防災・減災対策に当てはめたらどうなるか、という話です。ここでは、津波から市民を守るための防潮堤建設を例に考えてみましょう[6]。

　ある自治体が大津波から沿岸部の街や村を守るために、見上げるような高さを持つ長大な防潮堤の建設を思い立ちました。防潮堤が完成すれば大津波を防げる。津波被害のおよばない遠く離れた高台に、住民たちをムリに移住させる必要もない。人々は安心して暮らせるだろう。これが決まれば国から補助金が出るし地元にもお金が回る。なんて合理的な解決策だ！　自治体はこのように考えました。

　ところが一方でこんな反対意見も出ていたのです。大津波の規模や破壊力には上限がなく、守り切れる保証はない。次の大津波が襲来する前に完成させるのは時間的にムリだ。これは自然破壊以外の何ものでもない。防潮堤建設には莫大な費用がかかる割に損害の軽減効果はとても小さい。風化や地震で傷みやすい防潮堤を末永く維持する費用は誰が負担するのか。観光資源の価値や生態系のバランスを損なう……等々。

---

[6] 前掲の『アベノミクス批判－四本の矢を折る』（伊東光晴著、岩波書店）、第3章のエピソードを参考にアレンジした事例。

結局自治体が選んだのは防潮堤建設の推進でした。一方建設に反対する人々が指摘した数々の問題は何も解決されないまま先送りされ、リスクとして残り続けることになります。この時点で自治体の決定は「どこから見ても合理的」とは言えないものになってしまいました。では、自治体の行った一方をとって他方を捨てる、是か非かといった判断ではなく、他により望ましい解決策はなかったのでしょうか。「とりあえず主義」なら、次のような提案となるでしょう。

- 沿岸部や低地の住民は、自分の土地に家を建てて住んでもよい
- 沿岸部には大津波に耐えうる階層と強度を持つ公的な津波避難住宅を作る
- 津波避難住宅には海で生計を立てる人々が中心に入居する
- 津波が来たら、住宅の入居者はもとより、周辺の住民もこれらの建物に避難すればよい
- 津波避難住宅から離れている家々からは、高台に直行できる避難路を何本か作っておく

　これにより、莫大な防潮堤工事費用をなくすことができるし、津波避難住宅の建設や避難路の設置などは、見通しの効く予算と時間内で行えます。自分の土地に戻りたい人々のニーズにも応えられる。長大な防潮堤はあまりにスケールが大きすぎていつ完成するかは未定ですが、「とりあえず主義」なら有限な時間で実現できます。このように、**問題の解決オプションをいくつか調整的に検討した上で、とりあえずのニーズを満たす現実的な決着点を見出すところに、「とりあえず主義」の意義と特徴があります**。本書が目指すBCPも、この考え方がもとになっています。

③ 新しいBCPの策定ステップの概要

■**新しいBCPの基本ポリシー**

　「新しいBCP」とは何でしょうか。人の命と会社を守り、事業を存続させるという基本的な方針はこれまで通りです。従来との違いは、第1章と第2章で述べたことの裏返しとして、改善策を提案するところにあります。欧米のITの復旧テクニックに由来するノウハウはいったん白紙に戻す、地震にはじまり地震からの復旧で完結するBCPではなく、もっといろいろな危機対応に使えるツールを用意することなどがそれに当たります。ここではまず、新しいBCPを解説するにあたって前提となる3つの方針を示します。

(1) ターゲットは中小企業

　新しいBCPのカタチを最もわかりやすく、モデルケースとして理解していただくには、中小企業（従業員20〜100名ぐらいの規模）を想定するのがベストと考えています。またBCPの必要性の点から考えても中小企業はトップ・プライオリティです。なぜならいくら大企業本社の危機管理部門が立派なBCPを持っていても、サプライチェーンを構成する中小企業群が危機に対処する準備ができていなければ、大企業のBCPといえども十分に機能しないだろうからです。

(2) 非常時における組織の"行動"を重視する

　私たちは、どんな危機がいつどんな形で、どのくらいの規模で起こるのか前もって知ることはできません。別な言い方をすれば、物理的な対策だけで危機を封じ込めるには限界があるということです。災害Aについては対策を講じたから得意だが、災害Bは苦手だ、などと悠長なこと

も言ってはいられません。何が起こっても確実に自分の命を守り、速やかにベクトルを合わせて緊急行動に移れるようにしなければ、そのあとに続く活動も場当たり的なものになってしまいます。

(3) 最小コストでベターなBCPを作る
　BCPのアンケートでよく見かける「知識やノウハウがないからBCPが作れない」という回答。これは一面的な意見に過ぎません。本音は「起こるかどうかもわからない災害のために労力やお金をかけるつもりはない」ということです。BCPにかかる費用はコスト以外の何ものでもない。最低限のコストでより望ましい結果を期待するためには、どこに焦点を当てればよいか。本書ではBCP対策を、合理的な目標のレベルではなくそこそこの満足度のレベルで、ベストなBCPではなくベターなBCPを目指す提案をします。

■新しいBCPの策定ステップ
　先ほどの新しいBCPの方針を、「どのようにして作るのか」という手順に落とし込んだものが「BCPの策定ステップ」です。本書ではSTEP0〜STEP5までの6段階で説明します。全体のイメージは図表3-1 (73ページ) を参照してください。

STEP 0
ウォーミングアップ

　今まで一度も避難訓練をやったことがない会社や、基本的な防災手順書（消防計画なども含む）を作ったことのない組織の人々は、危機対応への意識づけが必要です。余力があれば、事前に消防署や防災士さんなどに依頼して簡単な防災レクチャーを受けておきたいものです。

STEP 1
緊急時の活動メンバーとBCPの目的を決める

　このSTEP以降は、BCP策定会議のテーマとなります。BCP策定会議に集まる人々＝緊急対策チームとし、そのチームメンバーリストを作成するとともに、BCPの「目的」を明らかにします。このあたりは従来のBCPの策定手順と同じです。

STEP 2
安全と安心を確保する基本プランを作る

　危機発生の際にはまず私たちの身の安全をはからなくてはなりません。ここに示した「避難」「安否確認とコミュニケーション」「非常時備蓄」「帰宅困難者対応」は、どんな組織にも必要なプランです。すでにこれらを作成している企業は、最小必要条件を満たしているかどうか本書で再確認を。

STEP 3
緊急対応プランを作る

　緊急行動のかなめは「緊急対応プラン（ERP）」です。どんな事態が起こるかによって対処の仕方が異なるため、特定の危機を想定し、それぞれに応じたプランを作ります。一度に多くの危機を想定する必要はありません。まずは基本的な「火災対応ERP」、次に「地震対応ERP」を、そして作り方のコツを覚えたら、順次他の危機対応を追加していくとよいでしょう。

> STEP 4

重要業務の継続/復旧プランを作る

　事業の目的＝BCPの目的でもあります。目的を達成するために必要な重要業務をいかに速やかに実行できるかが鍵となります。代替手段は手の届く範囲のことをやればよく、それがダメならいさぎよく復旧活動に専念する。社長同士の信頼関係が復旧支援協力に役立つなら、もちろん最大限活用すべきでしょう。

> STEP 5

防災・減災プランを作る

　STEP2～4のプランを、より効果的に役立てるためには、何よりも災害の被害を軽減することが大切です。BCPにおける防災・減災の取り組み範囲をどこにとるか。お金をかけずに効率よく対策を講じることはどこまで可能か。本書では「整理整頓」、「命」、「ボトルネック」をキーワードに、その対策のあり方を提案します。

■BCPは"シート"の集まり。構成もシンプル

　前のセクションで述べたBCPの策定ステップ、そこにはいくつもの○○プランの文字が並び、いささか気が引けた方がいるかもしれません。「BCPを1つ作るにも気が重いのに、たくさんのプランを作らなければならないなんてあり得ない！」と感じた方も多いでしょう。私たちは、未知のモノやコトに直面すると、意味もなく不安をいだいたり、とても大変なことのように決めつけてしまうものです。

　実は、本書で述べている○○プランといったものは、A4の用紙1、2枚程度の「シート」に過ぎません。一つ一つが表紙や目次を備えたボリュームのある文書なのではありません。これらのシートをまとめたも

のが、総称として「BCP」と呼ぶ文書になります（P168～169を参照）。

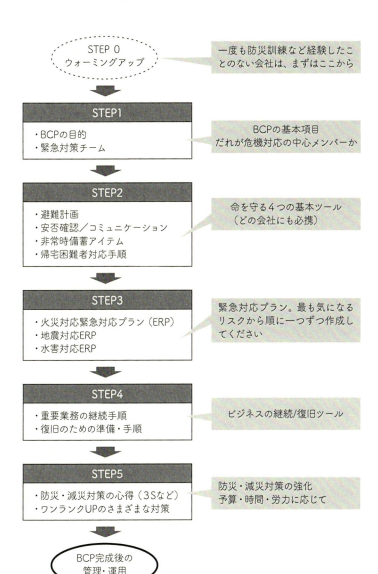

図表3-1：BCP策定ステップの全体イメージ

Coffee Break 2

わが家の"災害マップ"を作ろう

　危機を乗り越える私たちの力の源は、家庭や家族にあると言っても過言ではありません。その大切な自宅や家族が、もし災害で被災したりケガをしたりすれば、当然、災害を恨むでしょう。しかし、前もって少しでも避ける工夫や準備はできなかったのかと考えると、私たちにも色々なことが見えてくるのです。

　そんなわけで、ここでは「わが家の災害マップ」（ここでは地震を想定）を作ることをお勧めしたいと思います。全ての部屋（トイレや物置も）の簡単な見取り図を描いてください。そして各部屋にある「背の高いもの」「重い物」「固定されていないもの」の三つの視点で、地震が起こったとき「これはやばいぞ……」と思えるような個所に赤色で「×印」をつけましょう。

　それとついでに、災害マップで洗い出したリスクを減らすアイデアを練ってみましょう。背の高い棚などは思い切って使わないようにするか、固定金具で固定する。落下しても深刻な影響が出ないように、床や畳の上で正坐したとき、目線より高い位置には重い物を置かないなどのルールを設ける、などなど。

　すぐに対処できないならそこを避ける工夫も大切。ブロック塀やプロパンガス、屋根瓦などは、業者を呼んで固定、補強してもらうのが一番ですが時間もお金もかかります。このような場合は「危険個所」として特定しておき、地震で避難する際は、なるべくこれらの場所には近づかない、通らないというルールを決めておくとよいでしょう。

　これらはご主人や奥さんがコツコツ一人で考えて書いても意味がありません。大切なのは家族全員で話し合い、危なそうな個所をみんなで特定し、その情報を共有しておくことです。

第二部　命と会社を守るリアルBCPの作り方

第4章
BCP策定の準備

　ここからは新しいBCPの策定ステップについて解説します。本書では、避難訓練一つ経験したことのない企業がBCPを策定する場合に備え、ステップ0として危機に対する意識づけについても触れています。緊急対策チームの結成やBCPの目的の明確化については従来通りですが、これらは「緊急時にだれが何を目的として動くのか」を自ら問い、明確にするもので、とても重要な部分なのです。

STEP 0
ウォーミングアップ

■できることなら危機のことなど考えたくない貴社に

　一般的に言って、これまで危機やリスクについて考えたことのない企業は、よしBCPを策定しなければと一念発起する、あるいはそのような動機を持つのはなかなか容易ではありません。理由はさまざまです。前に述べたように、順風満帆な企業ほど「強気」の姿勢にありますから、災害が起こって会社が被災しても、なあにすぐに立ち直れるさ、と楽観的に考えているからです。

　また、起こるかどうかもわからない災害対策のためにお金を使うくらいなら、もっと明確なリターンが期待できる他の活動や設備投資の方に回そうと思うでしょう。必ずしも「経営にゆとりがあるからBCPを作っておこう」とはならないのです、これが。一方、業績が芳しくない企業は、会社運営や資金繰りのことで頭がいっぱいですから、BCPや災害対策といった課題は二の次、三の次になってしまいます。

　さらにまた、より根深い問題が潜んでいることも確かです。人間は経験する動物です。経験していないものはピンとこない。災害や事故が起こってはじめて「ああっ、前もって注意していれば、対策を講じていれば……」と後悔することになる。自然災害はもとより、もっと身近な事故やトラブルも同じことでしょう。不可抗力だから仕方がない、運が悪かったんだ、では済まされない企業の責任問題に関わる危機の認識不足がそこにはあります。

　今日はどの企業も、好むと好まざるとにかかわらず、グローバルな競争もしくはゲームの中で泣いたり笑ったり、強気になったり弱気になったりしています。ある意味、高速で突っ走る車のドライバーと同じように視野が狭くなっています。経営状況が良くても悪くても、危機に対し

て目を向ける余裕などない時代なのかもしれません。それだけに、(特にこれまで初歩的な防災活動を一度も経験したことのない企業の場合は) BCPを策定する前に社員の「危機に対するイマジネーション」を喚起してもらうのは、とても大切なことだと思います。

■危機意識を呼び覚ますための手作りツール

　企業に危機やリスクに対して目を向け、耳を傾けてもらうということは、ビジネスのことだけで頭がいっぱいな社員のみなさんに、余計な懸念材料を与えて情緒不安定に陥れることではありません。むしろ日常の中で何となくもやもやと気にはなっている、ある意味目の上の瘤でもある「危機やリスク」に光を当て、その対処方法を明確にしておくことで、安心して事業活動に専念してもらうことが、BCPの本当の狙いです。

　この方法として、できることならお金と相談して防災や危機管理の専門家を呼び、災害図上訓練（DIG）や危機管理講習などをやってみるのがよいと思います。しかし、無理にここまでやらなくても、事務局担当者がネット上の災害資料や画像イメージなどを駆使して手作りのレクチャーを行うことも十分可能でしょう。ここで求められているのは、正確で完全な知識を参加者に授けることではありません。一般個人の目線で危機やリスクに対する臨場感を呼びさましてもらうのが狙いです。たとえば次のような方法があります。

①インターネットの災害記録の活用
　インターネットは災害や事故、事件の記録の宝庫です。BCP担当者として「うちの会社でもこんなことが起こらないように前もって考えておく必要があるのでは」と思えるような事例をいくつか検索して、画像などが掲載されていればそれらもキャプチャしてパワーポイントにまとめておきます。もちろん自然災害みたいなものだけでなく、もっと身近なヒューマンエラーとか、ヒヤリハットみたいな事例でもよいのです。

あとは参加者に集まってもらい、それらの事例について「どうすれば防ぐことができたか」を中心に話し合ってもらいます。

②過去の失敗事例から学ぶ

　これも地震とか火災といった典型的な災害にこだわるものではなく、何らかの原因でクレームや事故につながったトリビアな事例をもとに、危機対応のあり方を議論するものです。使用する事例は、おそらくはどの部署にも記録が残っているであろうクレーム報告書や事故報告書の類です。たとえば、お客様に納品した食品に異物が混入していた場合、「どうすれば未然に防げたか」「事後の影響を最小限にとどめるにはどうすればよかったか」の2つの視点から議論する。これも参加者に集まってもらい、パワーポイントに投影して全員でテーマを共有しながら進めるとよいでしょう。

STEP 1-1
緊急対策チームを結成する

■BCP会議メンバーの招集

　BCPは、業務文書を作成するように担当者が一人でコツコツと作るものではありません。事業の存続にかかわる事態にどう対処するかを決めるわけですから、経営的な判断のできる上層部やそれを部署ごとにサポートする中間管理層の人々の意見を反映させなくてはなりません。ここでは、BCPを策定するための検討会議（以下BCP会議と呼びます）の進め方について説明します。

①どんな会議メンバーを集めるか？
　基本的には社長（経営者）、主要部門の長（部長または課長クラス）、そして事務局が中心メンバーとなります。原則として社長にはBCPのキックオフから完成まですべての会議に出席してほしいのですが、多忙をきわめる中、気もそぞろで形だけ出席したのでは意味がありません。そんなときは社長の意見や考え方に最も近い人に代理参加してもらうか、会議を延期するしかありません。あるいは、次のような重要な局面のみ出席してもらい、その中間は実務者間で会議を進めるということも可能でしょう。

- 社長は最低でも初回（キックオフ）と最終回（完成版のレビュー）には参加する
- 会議のレギュラーメンバー：部課長・主任クラス＋事務局
- 事務局の役割：会議の段取り、意見・資料の取りまとめ、報告、BCP文書の作成など

②どんなスケジュールで進める？

　BCP会議に必要な時間は、標準的なところでは一回二時間の会議×3〜5回といったところでしょうか（会社の規模によって異なります）。会議の前には、事務局担当者はもとより、招集される参加メンバーのみなさんもBCPの概要（本書などを一読して）を把握しておくことが望ましいでしょう。BCPは基本的な考え方を抑えておけば、どんな会社でも応用できます。その際は、あまり「あるべき論」に縛られずに職場の実情に沿った発想で臨んでください。BCPはあくまでもあなたの会社にとっての事業継続手段の一つですから最終的には社長の意思決定のもとに進めてください。各回の議事録と報告、社長不在の場合の事後承認は必須です。一度も社長が顔を出さずにBCPを完成させるようなことは避けてください。

■緊急対策本部の概要

　「緊急対策本部」は、BCPの目的に合致した活動ができるように設置された活動拠点です。本書ではこの目的のために集まる人々を「緊急対策チーム」と呼ぶことにします。もちろん緊急対策チームと言っても、何か特別な任務を帯びた、特別なスキルや経験を持つ集団のように考えてはいけません。実際に動くのは日々顔を突き合わせている社員同士です。顔の見える、気心の知れたチームを作るのがベターです。意思疎通のない、お互いに警戒し合っているような関係ではうまくいきません。次の2つの要件を検討し、決めてください。

①どんなチームメンバーを集めるか？

　緊急対策本部は、非常事態に直面した事業を一日も早く復旧し、業務を再開するための意志決定と指揮命令のための組織です。この点で最もふさわしいのは、社長または社長と同等の権限を持つ役員、中間管理層の人たちということになります。ということは、基本的にはBCP会議

に参加している人々が、そのまま中心メンバーを構成するということです。大企業の場合は複雑な階層組織から成るため「BCP会議メンバー」＝「緊急対策チーム」とするには少し無理があるかもしれませんが、一般的な中小企業の場合はこれで十分成り立ちます。

②だれが何を担当するのか？
　どの時点でどの人が、どんな役割を優先しなければならないかは、実際に災害が起こってみなければわかりません。ひとまず基本的な役割を掲げますので、参考にしてみてください。なお、それぞれの役割は部門機能や経験、スキルをもとに割り振ります。必要に応じて代行者も決めましょう（付録A-1を参照）。

- リーダー／サブリーダー：意志決定と指揮命令。社長や総務部長
- IT／ネットワーク関係：システム管理者中心で
- 顧客・取引先対応：営業部門や購買部門の人々
- 重要業務の継続：該当する部門、部署の人々
- 建物・施設・備品の復旧手配：総務その他の部門の人々

■いつどこに立ち上げるか？
　緊急対策本部とそのチームメンバーが決まったところで、次に決めておきたいのは、チームメンバーがどんなタイミングでどこに集まり（参集と言います）、対策本部を立上げればよいだろうかということ。以下はその説明です。

①どんな時に参集するのか？
　会社に一大事が起こったとき、緊急対策チームのメンバーがいつも全員そろって社内にいるとは限りません。自然災害などは週末や家族旅行中に起こるかもしれませんから、参集のための連絡が速やかに行えるよ

うな工夫をしておくことが大切です。これがうまくいかないと、すぐ集まってほしい顔ぶれがなかなかそろわず、意思決定が遅れ、急いでやらなければならない活動がどんどん後手に回って四苦八苦することになります。そこで次のように、無理なく速やかに集まれるようなわかりやすい参集規定を決め、あらかじめ全員で共有しておきます。

- 緊急時は会社より各メンバーに電話・メール等で参集を要請する。
- 自然災害等の場合、自宅の安全と家族の無事を優先し、可能な者は出社すること。
- 自然災害の影響で参集要請の連絡ができない場合でも、可能な者は自主的に出社する。

②どこに対策本部を立ち上げるか？

　緊急事態が起こったとき、あらかじめ決められた場所に集合することは、危機対応の基本です。対策本部の参集・運営場所としては、通常社内会議室などが当てられます。しかし火災や自然災害などでは、予定していた場所が建物の被災などで使えなくなり、社員のみなさんが路頭に迷うケースは少なからずあることです。よって本来の集合場所とは別に、第二の候補地を決めておくことが大切です。

- 第一候補地　→　社内会議室や食堂
- 第二候補地　→　支店・営業所、協力会社の会議室、社長の自宅など

　対策本部の場所を決める際にもう一つ留意したいのは、第一候補地が使用できないとわかった時点で、第二候補地へスムースに移れるようにするための段取りです。これはたとえば、現地担当者と連絡がとれること、建物が安全で電気やインターネットが使用できること、スタッフが安全に当地まで移動するための手段、対策本部運営に必要なツール（図

図表4-1：対策本部運営に必要なツール

	アイテム	説明	必要度
1	BCP	業務継続と復旧のための羅針盤	A
2	携帯電話・スマートフォン	コミュニケーションツール	A
3	ポータブルラジオ	大規模災害時の状況把握	A
4	テレビ	大規模災害時の状況把握	B
5	ノートPC	情報収集・発信、スケジュール管理	A
6	インターネット接続環境	ノートPCと一心同体。これがないと情報収集・発信が困難	A
7	ノート、文具	情報の記録、連絡、伝達用	A
8	ホワイトボード	情報を書く、貼り出す。一目で共有できる。入手できない場合は壁を利用	A
9	電気	照明、ノートPCや携帯の充電、暖房用	A
10	発電機（＋燃料）	電気が供給されない場合の臨時の措置	B
11	防災用テント	大型のアウトドア用テントでもよい※	B
12	暑さ・寒さ対策	夏は扇風機（熱中症対策）、冬は電気ストーブ等	B

必要度：A＝必須、B＝常に必要とは限らないが用意するのが望ましいもの
※東日本大震災では事務所が被災したため駐車場に大型テントを張って対策本部にした例もある。

表4-1を参照）を調達できること、などを指します。

■緊急対策チームの活動内容

　緊急対策チームのメンバーは、どんな活動をするのでしょうか。前に述べたメンバーの役割をもう少しブレークダウンしてみましょう。よく一般的なイメージとして思い浮かべるのは、トップを中心に各責任者がテーブルを囲み、真剣な顔つきで話し合っている場面だと思いますが、これは映画やテレビの世界の話に過ぎません。人手の少ない中小企業などは、社長自ら率先してガソリンの調達に奔走したりして、対策本部がしばしば空っぽのことも稀ではありません。会議室にこもって腕組みしているだけでは何も進まない、もっと泥臭く汗臭いものなんですが、あまり生々しく書いても仕方がないので形式的にまとめておきます。

①意志決定と指揮命令

　これは後述の②と③の上位にあたる、BCPの中枢的な役割です。社長あるいは総務部長など全体を統括するメンバーが、現場から上がってくるさまざまな情報（従業員の安否や、事業資産、インフラ、ライフラインの被災及び復旧に関する情報など）をもとに総合的に検討・判断し、適切な指示や命令として現場にフィードバックします。

②さまざまな活動の進捗管理と問題・課題の解決

　「さまざまな活動」とは、いわゆる業務の継続と復旧に関わるもろもろの活動のことです。固定的に決まっていること、状況から判断して新たに必要になること、不要になったこと、その他いろいろあります。工場部門では生産の再開を、営業部門では信用失墜や転注（または顧客離れ）を起こさないための適切な対応が活動の中心となります。事業の継続や復旧を阻むさまざまな問題や課題の解決、復旧の遅れに関するスケジュール調整など多岐にわたります。

③緊急対策本部の運営・維持

　緊急対策本部は、いわば通常の事業活動が可能になるまでの最小限の会社機能のようなものです。緊急対策本部を運営・サポートするためには、さまざまな役割が必要となるでしょう。たとえば従業員の労務管理とケア。食事や宿泊、送迎の手配だけでなく継続的な安否確認や家族のケアなども含みます。食料・水、燃料といった非常時物資の調達、経費や資金管理なども不可欠な活動です。

STEP 1-2
BCPの目的を明確にする

■ BCPの2つの目的

　BCP策定の第一歩は、その「目的」を明文化することから始まります。なぜ「目的」を書かなければならないのか。そもそもBCPは社外に出る文書ではありません。率直に言えば、目的（目標、方針なども）のような形式的な文言は抜きにして、いきなり災害発生直後の対処手順から書き始めても、だれも文句は言いません。欧米でこうした形式的な文言を掲げているのは、大企業や大学、行政関係のBCPです。中小企業のBCPには「目的」の見出しがなかったり、あったとしても中身を読んでみると「予期せぬ事態が起こって大変なことになったらこのBCPを使いなさい」みたいな、単に使い方を述べたものに過ぎなかったりするのです。日本的な意味での「目的」とは異なります。

　こんな事情もありますから、いっそのこと「目的」を割愛してしまえば一手間省くことはできます。がしかし、本書ではきっちりとこれを書いていただかなくてはなりません。個人主義の欧米人とは異なり、協調的で集団志向性の強い日本人が使うBCPには、みんながベクトルを合わせるためのシンボリックな宣言文が必要なのです。どのようなことを「目的」に盛り込めばよいのかというと、ここには典型的な二つの文言を掲げることができます。

- どんな会社にも共通する一般的な文言
- 事業者としての使命や責任を反映した文言

　一つ目はシンプルです。「人の命を守る」。これに尽きます。会社によっ

ては「人」に当たる部分は「従業員や家族」であったり、「お客様」や「訪問者」といった具体的な名称に置き換えたり追加することもあるでしょう。いずれにしても、規模や業種に関係なく、BCPを策定するどんな会社にもこれは明記されていることが必要です。命より優先されるBCPの目的なんてあり得ません。

　二つ目は、不測の事態が起こって事業が混乱したり停止したりしたとき、取り急ぎ会社としてどんな活動をやらなければならないのかを明記するものです。ここでちょっと注意していただきたいのは、「どんな活動をやらなければ」とは、避難誘導とか安否確認のことを指すのではく、事業者としてやるべくことは何か、ということです。

　「事業継続」という名前からもわかるように、BCPの目的は事業の目的に沿ったものでなければ作る意味がありません。「災害の真っ只中でも事業の目的を維持するということ？そんな無茶な！」とあなたは思うかもしれませんが、まさにそのとおり。いかに非常時とはいえ、事業の目的から外れてビジネス上の約束や利害を無視してしまったら、会社として生き延びるのは困難になってしまいます（人や財産を守るだけなら家庭の防災と同じです）。

■ステークホルダーの顔を思い出そう

　では「事業者としての使命や責任を反映した文言」とはどのようなことを指すのでしょうか。これを考えるに当たっては、次のエピソードが参考になるかもしれません。あるBCPの講演でのこと。質疑応答の際に、私は大手菓子メーカーの方からこんな質問をいただきました。

　「私どもはスナック食品を製造販売していますが、私どものような業種も、万一の際はBCPを発動して供給を急がなければならないのでしょうか。その必然性が今一つつかめないのですが」。

　ふつうに考えれば、なるほど、非常事態のさなかにスナック菓子の生産を急ぐ理由など確かになさそうだ……、と思ってしまいがちです。

私も一瞬そう思いました。しかしこれまでの震災事例を思い出し、気を取り直して次のように回答させていただきました。

「あなたの会社の商品が今現在、順調に売れているということは、継続的にその商品を必要としているお客様がいるということです。もし大地震とかで商品の供給がしばらく止まってしまったら、お客様はどのように思うでしょうか。まず被災地の場合。災害直後は心を落ち着けるのが精いっぱいですが、1週間、2週間経つと、お客様は早くいつもの生活に戻りたい！ いつもの食べ物を食べたい！ という欲求が強まるようになります。その中にはあなたの会社のスナック菓子も含まれているはずです。商品を求める気持ちの強さは、もちろん被災地以外のお客様にとっても同じことです。このように考えると、あなたの会社がBCPを通じて何をやり遂げなければならないか、見えてくるのではないでしょうか」

ここに述べたことからわかるように、事業者としてのBCPの目的を明確にする方法は、「ステークホルダー」の顔を思い浮かべてみることです。ステークホルダーとは、お客様や消費者、ユーザー、納入先、お得意様、株主などの利害関係者を指しますが、広い意味では資金調達先である金融機関、税理士、仕入れ先や外注先などの重要なビジネスパートナーも含まれます。早い話が、もしその関係が断たれたり信用を失ったりすると、事業にネガティブな影響が出てしまう相手のことです。

業種によっては特定のステークホルダー（「いつものお客様」など）だけが最優先されるとは限らないこともあります。食品や医薬品メーカーの中には、大規模災害が起こった時は、行政の要請に応じて「被災地の人々」への供給を最優先しなければならないこともあるからです。危険物や有害物質を扱う工場の場合、緊急時には通常の納入先ではなく

周辺住民や行政への対応などを最優先しなければならないでしょう。「いつものお客さま」だけをイメージしていると、重要なステークホルダーを見落とすことになりかねません。

■社長の思いや業界の指針から導いてもよい

　このように事業者としてのBCPの目的については、さまざまなステークホルダーの顔を思い浮かべ、そこから事業継続目的、つまり誰に対してどのような約束を果たすべきなのかを導くのが基本的な方法です。ステークホルダーを可視化するには、一般的にブレーンストーミングなどを通じてホワイトボードなどに書き出し、スクリーニングするといった方法が採られています（図表4-2を参照）。

　なお、ステークホルダーの可視化は基本的な方法の一つではありますが、唯一のものではありません。時間をかけずにより簡便に、より的確に「目的」を導く方法もあります。それが次の二つです。

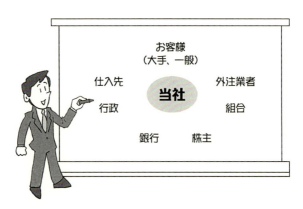

図表4-2：うちの会社はどんな人々と関わっているか？

(1) 社長へのヒヤリング

　一つは、あなたの会社の社長に直接ヒヤリングしてみることです。「BCPの目的」は、不測の事態に直面しても事業を続けようとする、いわば社長の決意表明です。社長にはこれまでの企業経営上の危機を乗り越えてきた豊富な経験と知恵があります。会社を経営し続けるためには何が重要で何がそうでないか、どの顧客や取引先、どの製品やサービスが重要かについて、直感的に答えていただけるのではないでしょうか。たとえ平凡で素朴な表現であっても、それが社長の口から出た率直な言葉なら、BCPの目的として十分な意義を持つと考えてよいのです。

(2) 業界の指針やCSRの視点

　もう一つは、業界ごとに策定されている業界の指針やCSR（Corporate Social Responsibility：企業の社会的責任）の文言を拝借することです。たとえば、もしあなたの会社が加盟している業界団体や同業者組合がBCPガイドラインを公表しているなら、それを参考にすることも可能でしょう。

　CSRは会社の規模や業種を問わず、消費者、従業員、取引関係先、投資家、つまりステークホルダー全般に対して企業がどう責任ある姿勢を示すかを問うものです。会社が危機に直面した際に最もあからさまな形で表面化する部分であるとも言えますから、CSRからBCPの目的を導くことは十分可能なのです。

■さまざまな業種別の「BCPの目的」

　最後に、事業者としてのBCPの目的の例をいくつか挙げておきます。ややこしい表現や感動的すぎる表現はいけません。なるべくシンプルにスッと頭に入る文言を心がけましょう。

　・食品メーカー系：「小売・物流と連携し、生活インフラとして機能

し続けること」
・百貨店・デパート系：「一日も早く店舗を再開し、お客様の希望と安心を取り戻すこと」
・自動車部品メーカー：「自動車メーカーに部品〇〇を納入すること」
・ネット通販：「消費者に24時間365日〇〇サービスを提供すること」
・医療品（医薬品）メーカー：「医療施設に医療器具（医薬品）△△を提供すること」

「目的」という言葉は、「仏作って魂入れず」ということわざを思い起こさせます。文書の冒頭に掲げる「目的」なんていうものは単なるスローガン、あるいは形だけのリップサービスみたいなものに過ぎない。あまり根を詰めて考えるようなことではない。こんな風に考えている人も少なくありません。しかし危機を生き延びるのに、スローガンやリップサービスではあまりに心許ないです。いざというときBCPを手にしても、判断や行動に一貫性がなく、場当たり的になり、途方に暮れてしまうだろうからです。

　BCPの目的は、形式的な文言などではありません。まさにそこに明文化された言葉が、不測の事態の中で会社がステークホルダーの信頼を損ねることなく、危機を生き残れるかどうかを左右するキーワードになると言っても過言ではないのです。論より証拠、ここで述べた「人の命を守る」「事業者としての使命や責任をまっとうする」というBCPの二つの目的は、前者については第5章と6章で、後者については第7章で、それぞれ具体的なカタチをとってBCPを規定することがわかるでしょう。

第二部　命と会社を守るリアルBCPの作り方

第5章
命を守る
基本ツールを作る

　事業活動中に起こった予期せぬ事態が身を危険に曝すものなら、会社は全力でその命を守りぬかなくてはなりません。以下に示す「避難計画」「安否確認／コミュニケーション」「非常時の備蓄」「帰宅困難者対応」は、まさにこの使命を果たすための対処手順書です。すでにこれらを策定している会社は、最小要件を満たしているかどうか確認してみることをお勧めします。

STEP 2-1
避難計画を作る

■逃げるかとどまるか？

　どんな理由であれ、身の危険を感じたら即座に逃げる。これは私たち人間、いや生き物全般に共通する自己防衛本能の一つです。この逃げ方を秩序立てて可視化したものが「避難計画」ですが、もちろん避難計画そのものが安全を担保してくれるわけではありません。私たち一人ひとりの心構えや行動の問題であることに変わりはありません。

　こんなエピソードがあります。あるとき大地震が起こると、工場で働いていた国も言葉も異なる数人の外国人従業員たちは、作業の手を止めるなり申し合わせたように脱兎のごとく屋外へ逃げ出した。一方、日本人従業員の方は避難した人、しなかった人、バラバラだった……。外国人の彼らには、言葉の通じない日本という異国の地で、いざというとき頼れるのは自分の身一つだという意識が働いていたわけです。

　街を歩いているとき、電車や車に乗っているとき、車を運転しているとき、万一災害が起きたら、あなたはどうやって危機を回避しますか。まず自分の身の安全を確保する。そしてそこにとどまるのは危険だと感じたらただちに逃げる。私たちは時として自分の身に危険が迫っても、それを受け入れられないことがあります。これは「正常性バイアス」と呼ばれているもので、せっかく私たちの危機本能が警告を発していてもそれを打ち消してしまうやっかいな心理です。自分一人だけ逃げるなんて恥ずかしいなあ、他の人たちは平気で落ち着いているじゃないか、だれかが避難を呼び掛けてくれるまではここにとどまろうか……、みたいな意識が働いたら要注意です。

　もちろん何も考えずに機械的に行動に移ることはできませんから、ア

クションを起こすまでの数十秒の間に、次の二つのステップを意識することも大切です。

　まずは「落ち着く」こと。不安や焦り、恐怖心に駆られたとき、その感情をどんどん膨らませてしまってはパニックになってしまい、身の危険は高まるばかりです。そこで、これはヤバイぞと感じたら、まずは深呼吸するか、一杯の水を飲んで落ち着くよう心がけてください。たとえ数秒のわずかな時間でも、落ち着くことができれば、判断と行動に余裕が生まれるものです。

　次に「避難に移るタイミングを決める」こと。公共交通機関やホテル、デパート、劇場など多くの人が出入りしたり集まったりする場所では、それぞれの場所を管轄する組織が安全に避難誘導を行う仕組みを持っています。したがってその指示にしたがうのが原則ですが、シビアな災害ではその仕組みすら機能しないことがあります。防災の手引きなどに「あわてずに避難誘導係の指示に従い……」と書いてあっても、生死を分ける瀬戸際のときは自主的に逃げるタイミングをはからなければなりません。

　また、ふだんから「いざというときどこへ逃げればよいか」をチェックしておくことも大切です。ホテルやデパート、劇場などの公共施設に入ったときはまっさきに「非常口」や「避難経路」のサインを確認する。指定のルートをたどって避難しようとしたら、防災扉があかない、障害物があって通れないといったハプニングも起こります。第三者が指定した場所は身の安全を守る一つの目安ではありますが、絶対的なものではありません。避難はとっさの判断と行動のタイミングが鍵です。単純なことだからいつでもできると思い込みがちですが、その油断が裏目に出て、生命への危険や二次災害の拡大につながることもあるのです。

■避難計画の8つの条件（①〜⑧）

　会社が作成する避難計画にはどのような項目を盛り込めばよいのでしょうか。一口に「避難計画」といっても、それは「どうすれば安全に避難させることができるか」という避難誘導の義務に関することと、「どうすれば安全に避難できるのか」という私たち個人の知識や心構え、行動に関することの二つの側面から考える必要があります。

①避難のきっかけとなる災害のリストアップ
　まずは「避難が必要となるのはどんな状況か」をイメージしてください。火災や地震、海のそばにある会社は津波、近くに川や水路、貯水池がある場所では河川の氾濫や浸水などを警戒しなければなりません。ひょっとしてこんな時は避難が必要になりそうだなと思える災害を一通り書き出しておきましょう。

②通報・伝達手段
　次に、どのようにして関係者（社員、お客様、訪問者等）に避難を呼びかけるのか、その伝達手段を決めておきます。自社ビルや大きな工場などでは、館内放送やサイレンなどがあるでしょう。火災報知器や煙検知器によるアラームも含まれます。外部の通報手段としては、テナントビルが設置した警報システム、自然災害などでは行政の防災無線も避難を促す手段となります。

③避難集合場所
　避難集合場所には、外に出てとりあえず様子を見るために集まる場所（エントランスや駐車場など）の他に、公的に定められた一時避難場所や広域避難場所もあります。事務局担当者はこれらの場所、用途（目的）等も確認しておきましょう。また津波や河川の氾濫などの災害では、危険のない遠方へ逃げ延びる必要も出てきます。災害の種類や危険度に応

じて「近くへ逃げるか」「遠くへ逃げるか」を考慮し、安全な避難場所を決めてください。

④避難経路（ルート）
　緊急避難を従業員まかせにしている会社が少なくありません。避難集合場所だけを決めていて、万一何か起こったらその場所に集合しなさい、という規定。小さな会社ではこの方法でもかまいませんが、建物が本館や別館（アネックス）などに分かれていたり、建物の内部が複雑な構造になっている会社の場合は、迷わずに安全に避難できるように避難経路（ルート）を明確にしてください。また避難経路に障害物等が置かれていないかチェックしてください。

⑤災害弱者のサポート
　あなたの会社の従業員、または来社・来店する訪問者やお客様の中に、高齢者、持病を抱えている人、心身にハンディキャップを持つ人、言葉に不慣れな外国人などが含まれてはいませんか。もし当てはまるなら、日頃からそうした人々がいることを社内に周知させるとともに、災害が発生した際に、どのような手段で彼ら彼女らに危機を伝え、避難をサポートするかを決めておくことが重要です。

⑥全員の安全確認
　一般従業員や災害弱者の人々などが最寄りの避難集合場所に集まったら、ただちに点呼をとり、逃げ遅れた人はいないかどうか、全員無事であるかどうかを確認します。もし確認のとれない人がいれば、ただちに所定の担当者たちは手分けをして探さなくてはなりません。なお、地震等による広域災害の場合は、携帯電話やメールで本人から会社あてに連絡を入れるようにしてください。

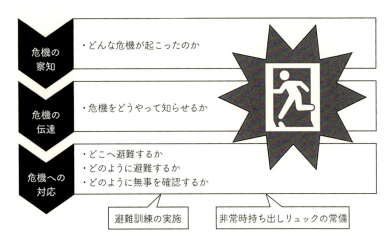

図表5-1：避難手順プランニングのポイント

⑦非常時持ち出しセットの決定

　会社として非常時持出リュックに収納しておきたい一般的なアイテムについては、巻末の避難計画のサンプル（「附録A-2」）を参照してください。防災意識の高い家庭では、非常時持出リュックをいつも玄関脇に置いておくと言いますが、これは会社でも同じことです。普段は使わないから、じゃまだからという理由で奥まったところにしまっておくと、いざというときに保管場所を忘れたり、他の荷物がじゃまで取り出せなくなくなります。常に取り出しやすい場所に保管してください。

⑧避難訓練の規定

　避難訓練は、最低年1回は実施したいものです。レクチャーだけで済ませている会社もありますが、これでは計画を作る意味がありません。一度でも「どのルートを通ってどこへ逃げるか」を体験していることと、頭の中で知識や理屈としてそのように理解していることとは天と地ほどの差があります。このことを事務局は肝に命じ、訓練規定を作成するようにしましょう。

STEP 2-2
安否確認とコミュニケーション手段

■「いつでもつながっているから」は禁物！

　今の世の中、老いも若きもスマートフォン全盛の時代です。彼ら彼女らが一心不乱に手元の画面に熱中している姿を見るにつけ、いかに私たちの生活に広く深く浸透しているかを実感します。「スマホは命の次に大事」との声もあったりして、いかにもという感じです。今やアプリの豊富さも手伝って、通話だけでなく映像や音楽の視聴、ゲーム、SNS、ナビゲーション、お財布代わり……と、何でもありの世界です。それだけではありません。「いつでも誰かとつながっている。万一のことがあってもすぐに連絡が取り合える」といった安心感もまた、ユーザー共通の意識でしょう。

　さながらドラえもんの四次元ポケットのような便利さを持つスマホですが、あまり当てにしすぎることのないよう、少しこの意識にブレーキをかけておく必要がありそうです。というのも、日本のような大地震や台風をはじめとする自然災害のメッカとなっている国では、万一の際にはそれがボトルネックになりやすいからです。「リスクを分散する」「特定の手段だけに依存しない」という姿勢は、もはや企業のリスク管理だけの話ではなく、スマホを利用する私たち個人についても当てはまることです。

　ところで私たちは、大きな災害が起これば何はさておき家族や会社に連絡をします。つながるまで何度も「かけまくり」ます。しかし、通話の大混雑（輻そう）やバッテリー切れを避けるためにも、これはなるべく控えなければなりません。少し間を置いてからかけ直すゆとりが必要

です。携帯メールや携帯サイトの「災害用伝言板」、場合によっては公衆電話を優先的に利用することも忘れずに。

しかしこれだけでは十分ではありません。もし大本が機能しなくなったらどうするか。携帯各社は震災後、基地局のバッテリーの強化や移動基地局車、移動電源車両の配備などを進めていますが、巨大災害が起これば、やはり通信の何割かに影響が出ることは避けられません。

このような場合に備えて、自分と家族、自分と会社がおたがいに連絡が取れない時はどうするかを、みんなで話し合ってみる。あるいは「万一の際は、通勤ルート上にある数か所の避難施設のいずれかに避難する」といった自主的な行動ルールを決め、お互いに情報を共有しておく、などの工夫も必要です。

いずれにしても重要なことは、毎日バックから何気なく取り出し、操作し、慣れ親しんでいる体の一部のようになったスマホといえども、災害時は使えなくなるリスクがあることをしっかり認識する、そしてこれに依存しない他の連絡方法やルールを前もって決めておくことを心得ておきたいものです。

■安否確認とコミュニケーションのルール

ここでは基本的な安否確認手順とコミュニケーションのルールを示します。以下の手順で収集した安否情報は「安否確認シート」(附録B-2)に記入し、緊急対策メンバーで共有できるようにしておきましょう。なお、附録A-3には「安否確認&コミュニケーション(規定)」のサンプルを掲載しています。

(1) 安否確認の連絡は「本人」→「会社」を原則とする

広範囲で起こる自然災害などの場合、安否の連絡は「自分の携帯メールから会社へ」を原則とします。伝える内容は「自分の無事」と「出社・帰社・直帰の意向」などです。あらかじめ会社の安否連絡受信メールア

ドレスを、全従業員に周知しておくこと（自動安否確認メール配信サービスの使用方法は各サービスの使い方に従ってください）。

(2)「本人」→「会社」へ安否連絡がない場合
　「本人」→「会社」へ安否連絡メールがすぐに着信しなくても、会社の安否確認担当者はしばらく様子を見ること。1～数時間経過しても連絡がない場合は会社から本人へ安否確認要求メールを送ります。それでも返答が来なければ次の（3）の可能性もあるので、コミュニケーション手段を変更してください。

(3)「本人」→「会社」へ連絡できない状況にある場合
　本人の携帯やスマホが使えない（紛失、故障、バッテリー切れなど）場合や、命の危険に曝されている場合には無理に会社と連絡をとる必要はありません。危険が去るまで全力で身を守ってください。危険が去り、携帯が使えるようになったら、会社に連絡を入れるか、または災害用伝言サービス171などを利用して、間接的に自分の安否を伝えるようにしてください。このほか、事前にSNSを利用できるような仕組みを設けておけば、複数の安否確認のチャネルを持つことができます。

STEP 2-3
非常時の備蓄を準備する

■**非常時備蓄がまったくない状況をイメージしてみよう**

　「ピン、ポン、パン♪　災害に備えて非常時の備蓄を用意しておきましょう……」。街中を巡回する行政の広報車はしばしばこう呼びかけます。しかし、これをまともに聞いている人はほとんどいませんね。非常時備蓄を用意する意味がいま一つわかっていない人は、いざとなったら避難所に行って並べばいつでも水も食料も手に入るじゃないかと考えます。避難所で配給される非常食や毛布は、避難してきた住民のためのもの。しかも災害直後はこれが圧倒的に不足します。会社が被災したからといって従業員のみなさんが大挙して避難所に押しかけたら、ひんしゅくを買うだけです。企業に属する人々は、自分たちで非常食を賄うのが暗黙の了解事項ですよ。

　次に、ある大雨の日のあなたの職場のシーンに切り替えてみましょう。豪雨で近くの河川があふれて道路は冠水。電車もバスも止まっているらしい。風雨を冒して近くのコンビニに買い出しに行っていた後輩たちが、ビショ濡れになりつつ手ぶらで戻ってきた。「パンもおにぎりも飲み物もすべて売り切れ。何にも残っていません！」。

　そのうち社長が奥の部屋から声を掛ける。「おう、みんなぐずぐず会社に残っていてもディナーは出ないぞ。カップラーメンの一つもないし、ご覧のとおりの狭いオフィスだから一晩横になるようなスペースもない。あまり帰宅が遅くなると家族も心配するだろう？　さあ、帰った帰った！」。社長の無情な一言に背中を押され、帰宅の準備に重い腰を上げる従業員たち。すでに日も暮れ、傘も役立たないほど風雨の強くなったオフィス街へ出てゆく。足首が完全に隠れるまでに冠水した道路。空腹を抱え、いつ運行を再開するかわからない駅やタクシー乗り場へと散っ

ていく彼らの後ろ姿が痛々しい……。

　非常時備蓄品は災害発生時の必須のアイテムです。食料、水を最低3日分に加え毛布なども用意するのが一般的なところでしょうか。しかし実は、何をどれだけ備蓄するかはあまり問題ではありません。余裕がなければ品目を減らし、規定の半分、いや三分の一の量でもよいのです。備蓄に割ける予算や保管場所の問題もありますから、最初から「うちの会社には無理」とあきらめてしまうよりも、少しでも手のとどく範囲で備蓄しておくのが望ましいからです。

　それともう一つ、これは会社と従業員をつなぐ、ある意味「絆」を維持できるかどうかの問題でもあります。あなたの会社では、帰宅できなくなった従業員に対し、「十分ではないけど一晩しのぐぐらいの食料はある。これをみんなで分け合おう」と言えますか？　先ほどの職場のシーンのように外に追い出してしまったら元も子もありません。

■非常時備蓄プランの必要条件（①〜⑤）

　非常時の備蓄はやればできるのだが、どうも腰が上がらないという人は少なくありません。その理由はいつも決まっています。何をどれだけ準備すればよいか考えるのが面倒だ。社内に備蓄する場所がない。せっかくお金をかけて備蓄しても、食料や水はいずれ消費期限が来て捨て損になってしまう。もったいない……。といったところでしょうか。

　以下では、みなさんのこうした悩みにも配慮し、非常時備蓄をなるべく簡便に用意するための検討要件を5つ掲げています。なお、非常時備蓄に手を付けるのは、自然災害などで帰宅できなくなった場合と相場が決まっていますが、もっと幅広く役立てる工夫もしておきたいものです（附録A-4には「非常時備蓄（規定）」のサンプルを掲載しています）。

①非常時備蓄品の品目

　すぐに浮かぶのは食料と水！これは間違いありませんが、災害はどんな事態をもたらすかわかったものではありません。ひとまず「人の命」を守り、安全に一夜を明かすために必要な最低限のアイテムは一通り完備しておきたいものです。品目リストについては、図表5-2を参考にしてみてください。栄養や快適さなどはあまり追求せず、あくまでも「非常時を生き延びるための最低限の品目」ととらえてかまいませんが、災害弱者や衛生面への配慮は怠らないようにしましょう。

②非常時備蓄品の数量

　この「数量」には2つの意味があります。一つは「人数」。業種やその会社の方針によって大幅に異なってきますが、必ず正社員、パート、派遣社員のどの従業員も同レベルでカウントしてください。原則的には全従業員数分を揃えるものとされていますが、むずかしければ、ざっく

図表5-2：非常時備蓄品のサンプル

（保管場所）防災倉庫（鍵NO：12345）	（想定人数）〇人分	（想定日数）3日分

品目	数量	準備済・未済
アルファ米（五目・白飯・ドライカレー）、缶入パン、即席みそ汁、たまごスープ（賞味期限5年）、缶詰	〇セット	
5年保存水2リットル	〇本	
緊急用トイレ袋	必要数	
毛布／シュラフ／アルミブランケットなど	必要数	
（予備品目1）カセットコンロ、やかん、鍋、紙皿、ライター、ラップ、割りばし、アルミホイル他	必要数	
（予備品目2）電気ストーブ、使い捨てカイロ、扇風機	必要数	
（予備品目3）乾電池／バッテリー／充電器、懐中電灯／ランタン、救急セット（医薬品など	必要数	

りと全人数の三分の一とか、遠距離通勤者（徒歩での帰宅が困難な人）の人数を見積もって決めるのも一つの手です。少なければ少ないなりに分け合う。これがサバイバルの基本です。

　もう一つは「回数（日数）」。一人当たりの非常食を何回分（何日分）用意するかという問題について、原則的には3日分〜1週間分とされています。予算的に、また保管場所等の問題で余裕がなければ2日または1日分でけっこう。これも前掲と同じで、いざというとき少なければ少ないなりに分け合うこと。また、ホテルやレストランなどでは日常的に食材や食品がそろっているものです。こうした場所にお客様が足止めされたり、外から通行人たちがホールに避難してくるような状況下では、暖かいスープの一杯でも多くの人々に行き渡るような備蓄の工夫をしておきたいものです。

③保管場所

　よく備蓄に否定的な人は「うちの会社には保管場所がないから」という理由を口にします。あたり一面に段ボールや古い備品類、廃棄書類やらが埃をかぶってうず高く積み上げられた足の踏み場もない職場を振り返れば、確かにそういう意見も出てくるでしょう。しかし、こうした光景を思い出してあきらめるのは早すぎます。少し時間はかかりますが、まず機会をとらえて、従業員のみなさんに整理整頓を呼びかけてください。整理整頓すれば、ほぼ確実にスペースに余裕は出てくるものです。

　次に前に述べた①と②を参考に、備蓄用の段ボールが何箱ぐらい必要かをざっと見積もります。そしてそのボリュームに応じた保管場所の候補を検討します。すでに各部屋は整理整頓されていますから、ここには置けないがあそこなら置けそうだ、といった判断が可能でしょう。候補場所は会議室の一角やロッカー室、応接室、倉庫、場合によっては社長室なども含めて検討してください。保管場所が決まったら、すのこを敷くなどして衛生面に配慮することはいうまでもありません。

④保管場所へのアクセス

　会社によっては、ふだんは誰も立ち入ったことのない階段裏の小部屋とか、広い倉庫の製品棚の陰に隠れた一角などが保管場所として選ばれたりします。新たに非常時備蓄のための保管庫を建てることもあるでしょう。いずれにしても、災害時に保管場所がわからない、倉庫の戸が開かない、鍵がなくて備蓄品を取り出せないといったアクシデントが起こらないように気をつけなければなりません。

　こうしたアクシデントを防ぐには、可能な限り誰でもアクセスしやすい場所に保管場所を設ける、やむを得ず目立たない場所に保管する場合は、関係者にその場所を周知させる。大地震を考慮してシャッターのようなひしゃげやすい素材は避ける、鍵はダイヤル式のものを使い、番号を知っている者はだれでも解除できるようにするなど、いつでもすぐに備蓄品を取り出せる仕組みにしておくことが大切です。

⑤負担の少ない備蓄品の管理方法とは

　非常時備蓄に腰の上がらない人のもう一つの大きな理由。それが「メンテナンスや管理が面倒だ」というもの。ここには、実際に使うかどうかもわからない食品や水の消費期限が来たらどうするの？　廃棄するだけならもったいないでしょう？　というコスト意識も働いています。

　年に一回程度のメンテナンスは確かに必要です。しかし年一回程度の頻度で行っているマイナーな業務なんて、ほかにも数えきれないほどあるでしょう。非常時備蓄の管理だけが特別に大変なことのように考える理由はありません。食品や水はご指摘のとおり消費期限があります。そこで、基本的には年一回の防災訓練の際に社員に配給して入れ替えたりしますが、残業の夜食に食べたり、会社の行事などで消費すればよいのです（後で補充は必要になりますけど）。いずれにしても、消費期限が来たからそのまま廃棄といった最悪の管理の仕方だけは避けたいものです。

STEP 2-4
帰宅困難者を守る

■帰るに帰れない!? はどこでも起こり得る

「帰宅困難者」という言葉は、2011年の東日本大震災をきっかけに広く知られるようになりました。多くの人は、帰宅困難者は自然災害などが原因で、人口の多い大都会で交通がマヒすることによって発生すると考えています。しかし実際には、その原因や発生場所はさまざまです。

東日本大震災のとき、関東首都圏では約515万人の人々が帰宅できない状況に陥りました（図表5-3を参照）。街中には膨大な数の人と車があふれ、まったく身動きがとれない状況の中で、たえず余震や火災のリスクに曝されたことはいうまでもありません。無理に一晩かけて自宅まで何十キロもの道のりを歩き通そうとすれば、道迷いや行き倒れ、病気、ケガ、行方不明となるリスクもありました。東北の大平洋で発生した大地震の影響を受けただけでこんな状況ですから、もし首都圏で直下型の

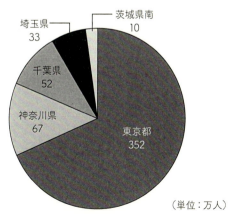

出所：「東京都の帰宅困難者対策の基本的考え方」（平成24年1月13日付資料）より

図表5-3：東日本大震災当日における関東首都圏の帰宅困難者数

大地震が起これば、想像を絶する事態となることは避けられません。
　また、交通網がマヒする原因は大地震だけが原因とはかぎりません。集中豪雨による鉄道や道路の冠水、広域停電、大雪、あるいは運行システムのトラブルによる長時間の運転見合わせなどなど。原因を探ればいくらでも掘り起こせるでしょう。

　おまけに「帰宅困難者」というのは、人口密度が著しく高く、複雑な交通網が発達した大都会だけに見られるものではありません。地方には地方ならではのケースが考えられるからです。
　たとえばふだんから交通量が少ない上に、列車やバスの減便、路線の合理化が進む地方都市では、社員の大半がマイカー通勤者であることも珍しくありません。もし地震や大雨による増水などが原因で主要なルートが寸断すると、迂回路も少ないためにその場で足止めをくらってしまうことがあるのです。
　これが山間部や農村部の場合だと、会社と自宅をつなぐ道路や橋が寸断され、孤立化してしまうこともあります。離島などでは、大津波や地震の衝撃などで桟橋が崩壊すれば、やはり本土と島をつなぐ船舶が出入りできなくなります。通勤や通学にフェリーなどを使っている人々は、その場で孤立することになってしまうでしょう。

　このように、あなたが「帰宅困難者」に陥る可能性は、都会だけに限らず、災害の起こる場所ならどこでもあり得ることなのです。もし何らかの災害に遭い、会社から自宅に戻れない、あるいは一度は家に向かったものの途中で会社に引き返さざるを得なくなった場合、残された選択肢は一つしかありません。ひとまず安全を期して一晩会社にとどまることです。このようなとき、前に述べたように、「会社には何も用意はないから早く帰宅しなさい」と言って無理に従業員を外に出してしまえば、下手をすると命の危険にさらすことになります。

■帰宅困難者対応の必要条件（①〜⑤）

会社として帰宅困難者の命を守るためにできることは、次の5つです。

①災害の察知

帰宅困難者の発生は「予期せぬ形で現れる場合」と、ある程度「予測可能な場合」があります。前者は大地震や大事故などで突然交通機関や道路が寸断してしまったとき、後者は台風の襲来のように、このまま時間が経てばますます天候が荒れて帰れない人が出てくるだろうと予想できる場合です。担当者はこのどちらかに合わせて状況をモニタリングしてください。とくに後者については、従業員に早めの帰宅をうながすことで、帰宅困難者の発生を未然に防ぐことができます。

②どんな人々が何人帰宅困難になっているかを把握

帰宅困難者が発生した場合、まず「どんな人々」が「何人くらい」いるかを把握してください。業種や会社の規模によっては、従業員以外に一般のお客様や訪問客などが含まれるでしょう。また、避難計画のところでも触れましたが、帰宅困難者の中に、いわゆる災害弱者が含まれていることだってあります。こうした人々をいち早く特定し、健常者よりも優先的に対応してあげることが肝要です。

③帰宅困難者の安否連絡

帰宅困難者には、携帯電話やメールで家族に自身の安否を連絡するように伝えます。また、「無理に帰宅を急がず、しばらく様子を見て社内にとどまるように」と呼びかけてください。大地震などでは家族と連絡がとれずに、焦りや不安が高まって「家のことが心配だから、とにかく急いで帰りたい！」とうったえる人も出てくるでしょう。どうしても帰宅を希望する人は、なるべく同じ方面へ向かう人同士を募って複数で帰宅すべきであり、その際も事前に可能な限り情報を収集して帰宅ルート

の安全を確認することが肝要です。

④非常時備蓄品と仮眠スペース
　非常時備蓄が本領を発揮するのはこのような時です。②で特定した人々、人数に対して必要数を見積もって配給します。高齢者や体力のない人、体調の悪そうな人には早めに熱いスープと非常食を、そして毛布を2枚使ってもらうのもよいでしょう。体力のある従業員は段ボール1枚敷いて我慢する。こうしたプライオリティの振り分けは、配給する食料、体を休めるスペースすべてに適用してください。

⑤運行再開や道路状況のモニタリング
　継続的な状況のモニタリング。これは「緊急対策本部」の役割の一つではありますが、対策本部を設置しない場合でも、帰宅困難という異常事態の中では必ず必要となる情報収集活動です。主に公共交通機関がいつ運行を再開するか、どの方面の道路が通行可能か渋滞かといった情報を継続的にモニタリングすることです。社内に電気が供給されてパソコン（＋インターネット）やテレビが使えることが基本条件ですが、これらが使えない時は、せめて非常用のポータブルラジオで情報を入手できるようにしてください。

　最後に、徒歩での帰宅を余儀なくされた場合に備えるプラスアルファのアイテムについて。従業員一人ひとりが、職場のロッカーにスニーカーを一足用意しておくことをお勧めします。革靴やヒールなどよりも疲れずに長い時間歩けます。被災して床や地面にものが散乱した現場を移動する際もスニーカーがあればある程度は安心して歩けます。
　巻末の附録A-5には「帰宅困難者対応（手順）」のサンプルを掲載しています。

第二部　命と会社を守るリアルBCPの作り方

第6章
緊急対応ツールを作る

　危機が発生したら、身を守ると同時に二次災害や事業への影響を最小限に食い止める努力をしなければなりません。この対処方法は、危機や災害の種類によって異なるもので、一般に「緊急対応プラン（Emergency Response Plan：ERP）」と呼ばれています。本章ではその仕組みと策定のポイントを解説します。ERPは、前章の「命を守る基本ツール」との連携により効果を発揮します。

STEP 3-1
緊急対応プラン（ERP）の役割と成り立ち

■最初のアクションがすべてを決める

　世の中あまりに便利に、予定調和的になりすぎて、私たちは予期せぬ事態に対する免疫がなくなっているのでは、と思うときがあります。何かの危機が起こっても、漠然とどこかの誰かが自分（たち）を助けてくれる、サポートしてくれると思い込んでいる。急に体調が悪くなったら近くの病院がある。マイカーが故障して立往生すればJAFが駆けつけてくれる、ちょっとした交通事故を起こせば救急車や警察が来て処置してくれる、保険会社が損害を補償してくれる……。

　しかし、こうした社会的な安心・安全システムが守ってくれる範囲はごく一部にすぎません。その範囲を越えるような事態が目の前で起これば、それに対処するのはあなた方以外にはいません。何の準備も心得もなければ何をどうしてよいかわからず、パニックに陥るしかない。うろたえているうちに手遅れとなって、余計に損害や影響が広がってしまうでしょう。

　私たち一人ひとりの手に負えないような事態が発生したときに備え、前もって何らかの段取りを決めておくことが必要な理由はここにあります。これからお話する「緊急対応プラン」（Emergency Response Plan、略してERP）がまさにそれであり、どんな会社も持たなくてはならない最低限の危機回避手順の一つです（136ページのコラム参照）。しかし唐突に「緊急対応プラン」などという言葉が飛び出すと、ちょっと引いてしまう人がいるかもしれません。「えっ！ BCPだけでも手一杯なのにERPも？ 勘弁してほしいなあ」といった感じでしょうか。

　安心してください。BCPとERPは別物ではないし、みなさんの負担

を増やすようなことでもありません。BCPを四輪の車にたとえるなら、危機発生の直後から始まるERPは車の前輪、復旧は後輪に相当します。ERPの部分がなければ、四輪なのに後輪だけで走ろう（事業を回復させよう）とするようなもの。想像するまでもなくBCPはまともに機能しないのです。危機の種類や規模によってはERPだけで終息できる場合もあるので、ERPそのものは一つの独立したプランとみなすことができますが、BCPはERPなくしては成り立ちません。ERPの目的は次の2つです。

- 命を守り、被害の拡大を防ぐこと
- 速やかに回復フェーズに移行できるようにすること

ERPのうち最も基本的で、とくに災害の種類を問わないものとしては、前章で述べた「避難計画」があります。そして特定の災害を想定したものとしては「災害別のERP」があります。火災、地震、津波、台風、火山噴火、サイバー攻撃、パンデミックなど、必要に応じていろいろ策定できるでしょう。本書では、このうち火災と地震、水害の3つを想定したERPの作り方を紹介します。なお、ERPは何ページにもわたるドキュメントと考える必要はありません。ふつうは一つの災害につき、A4で1〜数枚程度のシートのようなものとイメージしてください（このボリュームはどこまで中身を掘り下げるかによって異なります）。

BCPの定義を広くとるなら、最小要件としてSTEP2の基本ツールとこのERPの部分だけを作り、これを「BCP」と呼んでも差し支えありません。ERPに即した初期の対応がうまくいきさえすれば、そのあとの事業の回復に向けた活動に移るのも容易になるからです。「結果はあとからついてくる」──BCP全体の良し悪しを左右するERPにも、この言葉はピッタリ当てはまります。

■ ERPの3つの要素

　危機はいつどのような形で発生するかわかりません。しかし、何が起こ ろうとも会社としての、組織としての対応を迫られるのです。緊急対応プラン（以後ERPと略します）は、まさに「何が起ころうとも」の部分に焦点を当てた初期対応のプランです。と言っても、これ1つあればあらゆる危機に対処できるという意味ではありません。災害が異なれば、それに応じた個別の対応手順が求められることは理の当然です。ERPがどの危機にも対処できるとされる理由は、次の3つの要素にあります。

危機を察知する
危機を知らせる
危機に対処する

　いずれもごく基本的な要素に過ぎませんが、みなさんの会社では、いざというとき従業員一人ひとりがこの3つを速やかに実践する自信はあるでしょうか。これまで避難訓練の一つも経験したことがない組織では、危機に直面したときどんな状況に陥るかは、推して知るべしです。次に、この3つの要素が概ねどのような危機対応にも当てはまることを確認してみましょう。

　まず火災。火災の第一発見者は身の安全を確保しつつ、ただちに周囲（119番通報も含む）へ火災発生を知らせます。小さな火災なら初期消火を行うでしょう。担当部署は速やかに火災状況を判断し、社員を避難させます。地震の場合もほぼ似たよう流れになりますが、余震や津波への対処を考慮しなくてはなりません。

　台風や集中豪雨などの場合はやや状況が異なります。気象情報などであらかじめ危機は予想できますから、ここでの「危機を知らせる」は、

公共交通機関の運行停止などを想定して社員に早めの帰宅を呼びかけることを意味します。また浸水被害の可能性を考慮し、安全策をとるよう促すこともあるでしょう。これは、土のうを積む、重要な書類やノートパソコンなどを上階に退避するなどの行動として実行されます。

　危機のシチュエーションや行動のタイミングはさまざまですが、この3つの要素は、大規模なシステムダウンにも情報漏えい事故にも、パンデミックや風評被害にも、つまりはすべての危機に共通するものです。そもそもこれは私たち人間に限ったことではないのです。どんな種類の動物や昆虫の行動にだって、3つの要素は当てはまることがわかるでしょう。危機対応の知恵というのは、太古の昔から厳しい自然を生き延びてきた他の生き物の方が、ずっと先輩であると言ってよいのかもしれません。

■ERPの作成手順

　次に、ERPの作成の流れをざっと見てみましょう。とてもシンプルです（図表6-1を参照）。

（1）どんなリスク（危機発生の可能性）に対処するか？

　身の危険を感じたらとにかく逃げろ！が大原則の避難計画は、災害の種類はとくに問わないものでしたが、個別の災害となると話は別です。そのリスクを明確に宣言し、その特性に合った行動の仕方と対策を講じる必要があるからです。一度にたくさんのリスクを特定する必要はありません。会社として最も気になるリスクから順に一つずつ潰す姿勢で臨みましょう。災害リスクの特定の仕方は、後で述べるようにいくつかの方法がありますので参考にしてみてください。

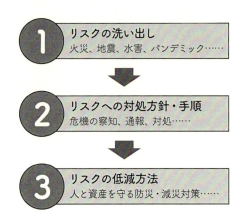

図表6-1：緊急対応プラン（ERP）の作成手順

（2） そのリスクにどう対処するのか？

　火災であれ地震であれITのシステムダウンであれ、ERPの基本的な行動要素、つまり「危機を察知する」→「危機を知らせる」→「危機に対処する」のステップはどれも同じです。この3つを踏まえた内容で議論を進め、望ましい手順や行動方針を決めましょう。この要件さえ満たせば、どんな書き方でもかまいません。「危機を知らせる」と「危機に対処する」の要となるのは適切な情報収集と情報発信です。これについては次のセクションを参考にしてください。

（3） リスクを減らすためにできることは何か？

　これはERPの一部というよりは、ERPとリンクした「防災・減災対策」のことを指します。どんなに災害リスクを明確に定め、これに対処するどんなに望ましいERPを作っても、起こり得る被害を軽減するための対策がまったくとられていなければERPの実効力は薄まってしまうでしょう。これについては、「災害リスクを未然に防ぐためにできること」と、「実際に災害が発生した際にそのダメージを可能な限り軽減するためにできること」の2つの側面から検討してください。

STEP 3-2
情報を制する者は危機を制す

■危機対応の成否を分けるもの

「情報を制する者は〇〇を制す」。こんな表現を見たことはありませんか。まさに言い得て妙であり、私たちの思考も行動も、隅から隅まで情報がもとになっていると言ってもよいくらいです。そしてこの言葉は、「危機」に対してもピッタリ当てはまることは言うまでもありません。

一刻を争う状況のなか、必要な情報を適切なタイミングで集め、適切な人々の間で共有する。大地震や台風のような自然災害であれ、SNSなどで拡散して社会問題化する風評被害であれ、それをうまく乗り越えられるかどうかは、ERPにおける「情報力」にあると言っても過言ではありません。

逆に、情報力が乏しいと「初動」でつまずくことになります。初動とは、危機の発生直後から目安として24時間〜48時間ぐらいまでのERPのコアの部分に当たる活動のことです。これにつまずくということは、復旧活動のための準備や、業務を再開するために必要な諸々の段取りが後手に回ったり、事業中断によって迷惑をかけるかもしれない相手に状況を説明するタイミングを逸して、会社の信頼を損ねることを意味します。

「情報力」という言葉は少し漠然としていますが、一言で言えば、「意思決定に必要な情報をコンスタントに集める」とともに、「事業を取り巻く内外の利害関係者に向けて適切な情報をタイムリーに発信する」という、双方向の流れを指しています。

ERPにおいては、緊急時に収集、発信するのが望ましい情報の種類がある程度決まっています。これらは組織の規模の大小には関係がありません。たとえ親子3人の家族経営の会社であっても、緊急事態が起こ

れば、意識するしないに関係なく情報力が問われるのです。

　初動で適切な情報の収集と発信ができれば、この後の重要業務の継続や復旧活動を進めつつ、状況を見極めながらビジネス上の関係を正常化することは難しくはありません。危機を乗り越える力は、社長のリーダーシップもさることながら、社長の「思い」と同じ方向に全社員がベクトルを合わせた時に発揮される組織力から生まれます。そのベクトルを合わせ、一人ひとりの力を事業継続力として結集するためにも、適切な情報を素早くみんなと共有できることが大きな鍵となります。

　以下では、緊急時の情報収集と情報発信の要素を3W1H（When, Where, What, How）としてまとめ、それぞれのポイントを解説します。ERPを作る際は3W1Hを意識して適切な対応手順を組み立てるとともに、実際に危機が発生した際の行動の目安としてください。

■情報収集における3W1H

　突然の火災、突然の大地震、突然の全社システムダウン……もし私たちがこのようなシーンに遭ったら、ストレスがかかり、不安と焦りでいっぱいになるでしょう。目先のことだけにとらわれていると判断や行動が場当たり的になったり、肝心のことが後手に回ったりしてしまいます。災害を経験した企業の多くは「予期せぬ事態が起こって対応がうまくいかなかった」と肩を落とします。しかしその原因をたどれば、パニックに陥って基本的な情報すらとれていなかったり、いろいろな情報が錯綜して整理されていなかったりするのです。こうした事態を避けるには、日頃から次の4つの側面を意識しておくことが肝要です。

(1) When（いつ）

　火災であれ地震であれ、仕事中に発生した災害の多くはリアルタイムで察知できます。しかし中には危機情報がもたらされるまでにタイムラ

グが生じることもあるので注意が必要です。たとえばヒューマンエラーによる事故や有害物質が漏れだす事故、製品の欠陥や品質不良による重大クレームなど。最近の風評リスクや信用失墜リスクは、SNSなどを通じて会社が気づく前に拡散してしまうことがあるので要注意です。

(2) Where（どこからまたはだれから）
　火災や地震、事故による被害情報などは、その発災現場からもたらされます。社員や家族の安否情報は、各個人またはそれを収集する担当者から入ります。ITやデータに関わる重大事故や事件についてはシステム管理者や外部の第三者からもたらされる可能性もあるでしょう。社会インフラの被害や機能停止については行政や外部の事業者を通じて入手できます。

(3) What（何が）
　日々の業務が阻害され、中断してしまうような大変な事態になれば、すぐに「何が起こったか」はわかるものです（原因はすぐにわかるとは限りませんが）。大切なのは、そのとき目下の状況の「深刻さ」をしっかり認識できることです。とくに複数の人を介して危機情報が上層部にもたらされる場合、あまり事を大きくしたくないという配慮が働いて矮小化され、その情報の深刻さが伝わらない可能性があります。

(4) How（どのような方法で）
　これは情報を得るための方法、手段、経路を指します。ここでは最も基本的なことを強調しておきましょう。緊急時の情報といえどもその入手方法は日常と変わりはありません。すなわち「口頭」「電話」「メール」などを通じてもたらされるということです。唯一、大規模自然災害や爆発火災などでは停電や回線の寸断、輻そうにより「電話」が使えないこともあるので、衛星電話や外部サービス（安否確認サービスなど）、メ

モやはがき、ポータブルラジオ（地域周辺のインフラ情報）など、可能な限り複数の手段を用意しておくことが必要です。

■ 情報発信における3W1H

　危機や災害の発生によって社内が混乱し、業務がストップしてしまうような状況に陥ると、目の前の問題を解決するのが精いっぱいで外に目を向ける余裕がなくなります。この結果、お客様や重要な取引先からの問い合わせの電話やメールにスムースに対応できないといったことが起こることがあります。実際問題として、全国に報道される大震災のようなものでもない限り、事業が止まってパニックに陥っているあなたの会社とお客様との間には、相応の温度差があることを知っておかなくてはなりません。

　何を問い合わせても返事が来ない、いわゆるブラックアウトの状態が何日も続けば、会社としての信頼を失って、風評被害や顧客離れが起こることは時間の問題です。こうしたことを避けるには、次の4点に配慮して情報を発信することが肝要です。

(1) When（いつ）

　タイムリーに発信する。これに尽きます。社内でのやり取りはもとより、外部への発信は特にそうです。私たちは、「事を大げさにしたくない」「まだ状況を調査中ではっきりしたことは言えない」などの理由から、ネガティブな情報を差し控える心理が働きやすいものです。が、ここは決然と判断し、多少の勇み足のリスクはとってでも、早めに伝えることが肝要です。

(2) Where（どこへまたはだれへ）

　社内の情報発信としては、緊急対策本部から現場への指示命令、現場から緊急対策本部への報告やフィードバックなどがあります。外部への

情報発信は、一例として会社幹部からの有力顧客や取引先への信用維持のためのコミュニケーションがあるでしょう。営業や事務部門からは一般顧客や取引先への状況連絡が考えられます。

(3) What（何を）
　伝えるべき内容は、その情報の受け手によって異なります。社内での緊急対策本部から現場への指示命令、現場から緊急対策本部への報告やフィードバックは先に述べた通りです。外部の場合、まず重要顧客や取引先への自社の状況（いつ何が起こり、どんな被害を被ったか、復旧のめどはいつかなど）を伝えなくてはなりません。行政当局には法令や社会的義務に関する部分での報告もあるでしょう。

(4) How（どのような方法で）
　この方法は、前に述べたとおり日常のやり方と変わりはありません（「口頭」「電話」「メール」など）。そして大規模自然災害などに備えて、電話の代わりになる複数の伝達手段を用意しておくことも大切です。また、複数の支店や営業所を持っている会社なら、そのチャネルを客先との連絡をとるための中継拠点にして最大限活用すべきでしょう。会社のホームページも、お客様やマスメディアに対して被災状況や復旧状況を伝える有力なツールとなるので有効活用してください。

STEP 3-3
最も警戒すべきリスクを特定する

■最も警戒すべきリスクは何か？

　災害別ERPを作るに当たって、最初に取り組むべきは「会社としてもっとも警戒しなければならないリスクは何か」を決めることです。なにしろこれが決まらないことには、どんな対策を講じればよいか、いざという時にどんなアクションをとればよいのか、次の重要な一歩が踏み出せません。

　こうしたリスクは、あなたの会社が日頃から何を気がかりに思っているかによって、さまざまな候補がリストアップされるでしょう。それは作業場のオペレーションにともなう重大事故かもしれないし、サイバー攻撃による機密データの漏えいかもしれない。食中毒の発生による当局からの営業停止命令かもしれない。あなたの会社にとって最も身近に感じられる脅威もしくはリスクを想定するためには、次の3つの切り口で探ってみるとよいでしょう。

①過去の事故や災害経験の事例
　自社で過去に経験した事故や災害事例は二度と起こしてはならないものですが、実際に経験済みだけに今後も起こるかもしれないブラックリストと見なすこともできます。

②防災マップ（ハザードマップ）の活用
　自治体などがウェブ上で公開している防災マップ（ハザードマップ）などを参考にすると、水害や地震、津波や火山災害の危険性などが色々見えてきます。

③世間一般に企業が慣例として適用しているリスク

　情報セキュリティや業種・業務固有のリスクについては、業界ごとに典型的なインシデントとその対策のガイドラインが確立しています。これらを参考にすれば、容易にERPを作ることができます。

　このようにして、みなさんの会社で独自に想定したリスクをもとに、それぞれのERPを作ってみてください。ERPの基本要素である「危機を察知する」「危機を知らせる」「危機に対処する」の3つを踏まえれば、どんな危機対応のERPもカタチにすることができるはずです。

■「被害想定」はいらない!?

　会社として最も警戒すべき災害もしくはリスクを特定したところで、ついでに、作り手が陥りがちなうっかりミスを指摘しておきたいと思います。私がBCPやERPの策定指導をするとき、作り手から必ずと言ってよいほど出てくる一つの質問があります。それは「どんな被害状況を想定して計画を立てればよいかわからない」というものです。何か具体的な被害のストーリーがないと行動手順も対策も決めようがないということらしいのです。

　では具体的に「地震で装置Aが破損した」「厨房から出火した」と書いたとしましょう。ここからみなさんはどのように行動手順と対策を組み立てるのでしょうか。おそらくは、「装置Aを緊急点検する→破損したとみなす→それを修理するか、もしくは撤去して新たに買い替える……」といったシナリオを書くのでしょうが、みなさんはここからどれだけ柔軟性のある、応用の効く対応の仕方が導かれるとお考えですか？

　装置Aの破損ではなく装置Bが倒れて人が大けがをする、厨房ではなく外に山積みの段ボールから出火するといったことは書かなくてよいのでしょうか。書くとすればどこまで想定の枝葉を広げていくのでしょうか。あるいはそうした枝葉の部分はまったく起こらないものとして度外

視してよいのでしょうか？

　このように考えると、危機の原因や被害の発生状況をあまりに具体的に絞り込んでしまう書き方は、すでに破たんしていることがわかるのです。想定外を増やすだけです。第3章では合理的すぎるアプローチは役に立たないから「とりあえず主義」で進めるべきと書きましたが、これは被害の想定についても同じことが言えるでしょう。「とりあえず主義」の場合、「重要な判断とアクションに関わる部分のみ、ERPの個別の手順の一環として書く」ことを指し、プラン全体を縛ってしまうような書き方はしないということです。効果的な被害想定の書き方のポイントは次の2つです（太字の部分が被害想定）。

①意思決定にかかわる数字や範囲などについては具体的に記述する
　・**浸水の水位が30センチメートルを超えたら**〜せよ。
　・**震度5強以上の地震が発生したら**ただちに集合せよ。

②命にかかわる局面や重要資産については「場合分け」を使用する
　・小規模な火災なら、ただちに初期消火に当たること。**火災の規模が大きい場合は**……。
　・ログ解析で不正アクセスの有無を確認せよ。**もしその形跡が認められた場合は**……

　ちなみに欧米では、日本の慣習のようにこと細かな被害想定をプランに盛り込むようなことはしていません。このようなシナリオベースの出来事は、すべて訓練のシミュレーションに生かせばよいと考えているからです。

STEP 3-4
火災対応 ERP の作り方

■火災対応 ERP の考え方

　ここでは「火災」を想定した ERP の検討要件について説明します。緊急行動のステップ（「危機を察知する」→「危機を知らせる」→「危機に対処する」のこと）を思い出しながら確認してみてください。前に述べた「避難計画」からの引用が必要な個所もありますが、これについては重複を避けるために、一言「避難の仕方については避難計画に従う」と書けばスッキリします（附録 A6-1 には「火災対応 ERP」のサンプルを掲載しています）。

（1）火災の発見（危機の察知）
　火災の第一発見者はただちに周囲に火災の発生を呼びかけます。火災報知器が設置されていれば警報ボタンを押します。可能な限り取り残された人や負傷者を救出し、消火器や水バケツで消火を試みますが、火の勢いが強いときはただちに避難態勢に移ります。

（2）関係者への通報（危機の伝達）
　緊急対応窓口の担当者は、火災発生の通報を受けたらただちに館内放送やサイレンを通じてすべての従業員に緊急避難を呼びかけます。119番通報では、次の伝達事項を箇条書きにまとめておくとよいでしょう。

- 会社名と住所
- 火災の種類と発生場所
- 負傷者の有無（この時点でわかる範囲で）
- 通報者の名前と携帯の連絡番号（折り返し連絡用）

(3) 避難手順と安否の確認（危機への対応）
　緊急避難が呼びかけられたら、避難誘導係（すでに決まっている場合）は次の手順でただちに従業員および訪問者等の避難誘導を開始します。この際、とくに次の点に留意してください。

- 避難集合場所の明示
- 適切な避難ルート（非常階段を使用、エレベータは使用禁止など）
- 負傷者や障がい者、外国人、地理不案内者への声かけとサポート、および安全な誘導
- 避難集合場所での点呼（人数と逃げ遅れた人の有無の確認）
- 上司および緊急対応責任者への報告

(4) 日常の対策（危機への対応）
　日常の防火対策および被害軽減対策として次の3点を規定し、実行してください。

- 上記（1）〜（3）にかかわる内外の通報・伝達・報告先リストの完備
- 基本的な火災予防対策の徹底（次のセクションを参照）
- 全従業員への火災発生時の対処方法についてのレクチャーと防災訓練の実施

■火災を予防するための基本対策
　以下は火災の発生を防ぐための基本的な対策、および火災発生時に備える対策を述べたものです。ポイントは次の3つです。

①火気のある場所や業務の性質の特定
　オフィスでは給湯室や喫煙室、飲食業では厨房、工場では取り扱って

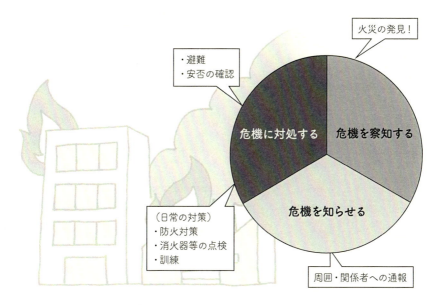

図表6-2：火災対応ERP作成のポイント

いる可燃性の原材料や熱を発する機械装置などが火災の原因となります。また、ふだん気づかない原因として、コンセントにほこりがたまっている、配線がむき出しになっている、絶縁体の劣化、静電気が発生しやすい、などもあります。工場ではヒューマンエラー（溶接や塗装、機械操作中の発火）で起こることも。こうした場所や業務の性質を特定し、日頃からその場所を受け持つ業務担当者や危険物取扱者などに防火管理を徹底してもらう必要があります。

②消火設備の点検

社屋や工場の消火器や自動火災報知機、スプリンクラー等について、正常に動作するか、不具合がないかの点検を定期的に行っているか確認してください。点検には二種類あります。半年に1回行う「機器点検」は消防用設備の設置状況と機器の配置の点検で、変形や損傷の有無など、

外観から判断できる事項の確認作業を行います。「総合点検」は1年に1回行うもので、消防用設備を一部もしくはすべて作動させ、総合的な機能を確認する作業です。

③避難方法・避難経路・避難集合場所の確認
　小規模な会社では、緊急時の避難方法を従業員まかせにしているところも少なくありません。念のため、一通り安全な避難方法を確認しておくことが大切です。火災や地震発生時の「避難経路」は、店舗やホテル、工場などだけでなく、一般的なオフィスビルでも確認しておきましょう。また避難経路に障害物等が置かれていないかチェックしてください。「避難・集合場所」は、外に出てとりあえず様子を見るために集まる場所（玄関前や駐車場など）の他に、公的に定められた一時避難場所や広域避難場所もあります。事務局担当者はこれらの場所、用途（目的）等も確認します。なお、避難に関する手順や対策の見直しとチェックを行ったら、その結果は前に述べた「避難計画」に反映させてください。

STEP 3-5
地震対応ERPの作り方

■地震対応ERPの考え方

「地震対応ERP」の検討要件、あるいは記載要件も至ってシンプルです。ERPの3つの要素に即して述べましょう（附録A6-2には「地震対応ERP」のサンプルを掲載しています）。

(1) 身を守る（危機の察知）

　地震が発生したとき、あなたがどこにいて何をしているかはその時になってみないとわかりません。おまけに私たちがとっさに身を守るためにとれる行動には限界があります。したがって、どこで何をしていようとも、身を守るための最低限の行動要件（行動パターンと呼んでもよい）を決めておくことが地震ERPのコツです。ただし、高所での作業や精密機器の操作、有害物質の処理など、業務環境そのものに日常的にリスクが付きまとう場合は、それらに即した安全確保手順が必要となるでしょう。海洋型の大規模地震の場合は「緊急地震速報」が役立つこともあります。地震波（S波）到達までの数十秒の間に身の安全を確保するためにできることはないか、話し合っておきましょう。

(2) 避難するかとどまるかの呼びかけ（危機の伝達）

　繰り返しますが、地震の場合、あなたがどこにいて何をしているかはその時になってみないとわかりません。地震は火災のようなローカルな災害とは異なり、揺れが始まったら直ちに避難した方がよい場合、その場にとどまって机の下などに退避した方がよい場合など状況によってさまざまです。全員一斉避難を呼びかけると非常階段などではかえって危険なこともあります。このあたりは難しいところですが、考えられる複

数の避難パターン（避難する、とどまる）を明記しておきましょう。

(3) 人的、物的な被害の確認（危機への対応）
　ここでの「危機への対応」は、地震発生後の人的、物的な被害の確認と事後対応までを指します。重要業務の継続や復旧に向けた段取りまでは踏み込みません。ポイントは次のとおり。

- 負傷者対応
- 安否確認
- 緊急点検と周辺調査
- 次にとるべき行動を関係者に指示

「負傷者対応」「安否確認」「緊急点検」は、一連の緊急時行動としてあらかじめ各担当者の脳裏にインプットされていなければなりません。この3要素について逐一指示されなければ動けないようでは困りますので、定期的に訓練でカバーしてください。緊急点検と並ぶ「周辺調査」とは、公共インフラ等（公共交通機関や道路状況など）の確認を指します。最後の「次にとるべき行動を関係者に指示」とは、被害状況の報告を受けて、どのような指示を出すのか、ということです。一般従業員は帰宅してよい、緊急対策メンバーは残りなさい、道路が寸断して帰宅できない社員がいたら非常時備蓄から食料と毛布を支給しなさい（帰宅困難者をケアせよ）といったことです。

■地震の被害・影響を軽減するための対策
　ここではオフィスを対象とした最もシンプルな対策を述べます。その基本は家庭防災と変わりはありません。大きな揺れが起こった際にケガをしないように、備品等の「転倒・移動・落下」を防止する対策に尽きます。棚や引き出しの中身は数回のゆさぶりであっという間に床に撒き

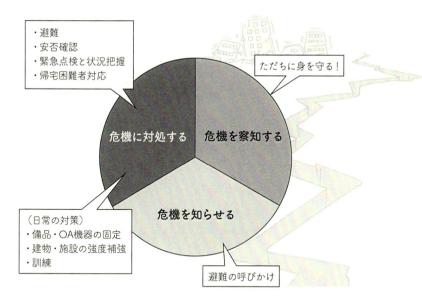

図表6-3：地震対応ERP作成のポイント

散らされてしまうのでこれも要注意ポイントです。隅から隅まで対策を講じるのは不可能なので、重要な個所を中心に手当てするだけでも効果はあります。対策のポイントは次の3つ。

①棚・ファイルキャビネット・ロッカー・パーティション

　壁への埋め込み式や固定タイプは別として、あとから個別に搬入して据え付けたものは要注意です。何も固定されていなければ、大地震なら簡単に移動したり転倒したりします。L字型金具や突っ張り棒で固定してください。収納のバランスも見てください。高い位置に軽い物/低い位置に重い物を収納するのが基本です。重心が高いと落下物によるけがのリスクが高まります。扉のそばのパーテーションが倒れてドアが開かなくなったり通路をふさぐといったことも起こります。これもL字型金具等でしっかり固定するか、思い切って撤去してください。

②開閉扉・引き出し

　これは①の収納備品と関連しますが、扉や引き出しのあるものは開閉をロックする金具を付けます。オープン式のファイル棚や書棚などは、なるべく背の低い棚を使うか、背の高い棚にはベルトやバーなどを各段に張ってモノが落下しないように工夫します。何も対策が施されていなければ「無数の書類が蝶々のように宙を舞う」事態となります。

③パソコン・OA機器・吊り下げ型の照明器具

　事務机の上や足元に無造作に置かれているタワー型サーバ、平置きにしたノートPCなどは大きな揺れに襲われると数秒で倒れたり、すべり落ちてしまいます。サーバはラックに収納し、PCは底にすべり止めを貼っておきましょう。複合機などは重いから動かないと考えるのは間違いです。大地震では暴走して周囲を破壊します。ストッパーで固定してください。吊り下げ型照明を使用している場所では、ゆさぶられて破損しやすいのでワイヤーや鎖で二方向から固定します。

STEP 3-6
水害対応ERPの作り方

■水害対応ERPの考え方

　台風や集中豪雨は、地震などとは異なって、刻々と変化する気象の様子からどのくらい危機が差し迫っているかを前もって予想できる、あなたはこのように考えていませんか。しかしそんな油断をついて起こるのもこの手の災害の特徴です。あっという間に道路や線路が冠水する、あふれた水が滝のように地下階段に流れ込む。急激に風雨が強まって樹木や電柱をなぎ倒す、屋根がはがれる……。唯一の救いは頑丈な建物から外に出さえしなければ、数時間〜半日ぐらいで危機のピークを超えられることぐらいでしょう。

　一説によると、企業が水害の被害をこうむる確率は火災よりもずっと高いと言われています。地球温暖化によって地球全体の大気や海洋の動きに異常が出ていることは、もはや説明を要しません。今後はさらに、経験したことのないような集中豪雨があちこちで起こり、台風の大型化（スーパー台風）も進みます。日本は国土の4分の3が山地です。山間部では土石流や土砂崩れが、平野部では広域的な浸水・冠水被害が頻発するでしょう。こうした危機に備えるために、以下では「水害対応ERP」を作成するためのポイントについて説明します（附録A6-3には「水害対応ERP」のサンプルを掲載しています）。

（1）気象情報と警報のモニタリング（危機の察知）
　社内にいる担当者は、ラジオやインターネット、行政の防災無線からのアナウンスなどを頼りに、気象情報や警報を、豪雨や台風の危機が去るまで継続的にモニタリングしてください。社外に出ている人はスマホ

や携帯、あるいは営業車のラジオで継続的に気象情報を得るように努めてください。

(2) 水害の危険性が予想される場合のアクション（危機の伝達）（危機への対応）

　緊急対策本部の設置もオプションの一つですが、一か所に集合しなくても、関係者がメールなどで対応を協議し、必要事項を全社員に通知する態勢は整えておく必要はあります。避難の準備を始めることも視野に入れてください。ポイントは以下のとおり。

- 社内にいる不要不急の従業員を帰宅させる
- 徒歩や営業車で外出中の従業員に対する帰社・帰宅（直帰）の指示
- 内外の関係者との会議・打ち合わせの延期と関係者への事前通知
- 不要不急の商品・製品・書類等は発送や受け取りを延期することを通知
- 移動可能な重要機器（ノートPCなど）、重要な書類等を上階に退避する
- 必要に応じて土のうを積む、防水シートを張る（主に工場や店舗系）

(3) 避難を中心としたアクション（危機への対応）

　(2)は、余裕のある段階で行う「緩やかな避難」といってよいものです。内外のすべての従業員および訪問者が身の安全をはかれるようにメールや電話、口頭で通知し、主要な業者にも会社に出入りするのを控えるよう連絡をすることが前提となります。そのうえで、たとえば近くの河川の堤防決壊や氾濫の可能性、台風の勢力がよりいっそう強くなることが予想される場合、防災無線で避難が呼びかけられている場合は、ただちに避難行動に移らなければなりません。避難に際してのポイントは次のとおり。

- 電気、電子機器の電源を切り、コンセントを抜いておく
- 会社の固定電話については応答メッセージに切り替えておく（不在対応）
- エレベータを最上階に退避し、電源を切る

　また、「今はまだ外に出て安全に避難できる状況にある場合のみ、避難が可能である」ことに注意してください。このように判断したら、ただちに社内の従業員に呼びかけて最寄りの高台や公共の頑丈なビルなどに避難します。避難の手順については「避難計画」（附録A-2）を参照のこと。もし、路上の水位が腰ほどの高さに達し、道路のあちこちで濁流がうず巻いているような状態ではもはや外に避難するのは危険です。自社オフィスがビルの中にあるならその上階へ避難し、そうでない場合（平屋建てなど）は屋根に登って救助を待つほかはありません。このような最悪の事態にならないためにも、（2）→（3）の判断とアクションは早めに行うようにしましょう。

（4）安否確認の手段と帰宅困難者等への対応（危機への対応）
　安否確認の手順と、万一オフィスから帰宅できない人々がいた場合の対応については「安否確認＆コミュニケーション」（附録A-3）「帰宅困難者対応手順」（附録A-5）を参照します。

（5）水害の危機が山を越えた時点の対応（危機への対応）
　床下浸水と床上浸水。被害の程度によってこの対応は大きく異なります。具体的な水害からの復旧方法や手順はすでに確立されています。おおよその内容については、防災情報サイトなどからダウンロードし、BCPに概要を記載するか添付しておくとよいでしょう。ここから先はいかに一日も早く復旧し、あるいはそれと並行して重要業務を継続する

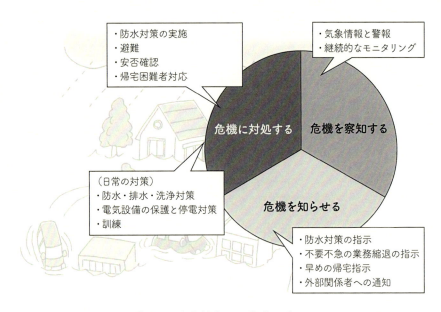

図表6-4：水害対応ERP作成のポイント

かが課題となりますが、これについて第7章の解説を参照してください。

■水害の被害・影響を軽減するための対策
　これらは被害を想定した事前対策、浸水・冠水被害を可能なかぎり軽減するための対策、水が引いてから業務を再開したり、復旧を開始したりする際の物理的な対策などで成り立っています。対策のポイントは以下の5つです。

①非常時備蓄品の確認
　帰宅や帰社できなくなった社員、お客様、その他訪問者のための食料・水・毛布等を指します（附録A-4「非常時備蓄」、A-5「帰宅困難者対応」を参照）。

②浸水・冠水からの退避場所の確保

浸水被害のおそれのない高い所に、重要な事業資産（重要な書類・商品・移動可能な重要機器など）を退避する場所を確保しておきましょう。階層のある建物なら二階以上に確保します。平屋は必要最小限のアイテム（ノートPCやデータ、重要書類など）をザック等に入れて持ち出し、安全な場所に避難するしかありません。

③防災用品
　水害対策を想定した主な防災用品、機器は次のとおりです。必要に応じて用意してください。

・防水シート（必要枚数）
・排水ポンプ＋排水ホース（必要に応じて）
・土のう（必要に応じて）

④インフラ寸断への備え
　台風や土砂崩れなどの発生で停電になることが予想されます。また、低地や河川のそば、沿岸部にある工場では、受電設備が冠水する危険性もあります。次の2点について必要な対策を講じてください。

・停電対策（懐中電灯、ろうそく、発電機など）
・受電設備の嵩上げを行う（工場など）

⑤復旧作業のための備え
　建物・施設の破損・侵入した泥水等の洗浄、除去のための対策として、ホース、バケツ、スコップ、ウェス、軍手、長靴、消毒剤その他を必要数用意します。また、ヘドロの除去や機器の洗浄などは、それぞれの専門業者のリストを完備しておくことも必要です。このあたりはビジネスの継続/復旧で作成するリスト（附録B-5など）が役に立つでしょう。

Coffee Break 3

緊急対応のためのプランいろいろ

　欧米では、危機に対処するためのさまざまな緊急行動手順が確立しています。

①エマージェンシー・レスポンス・プラン（Emergency Response Plan：ERP）
　文字通りの緊急対応の手順書です。言葉としてもストレートでわかりやすい。アメリカで提唱されているもので、どんな企業も幅広く適用できます。火災や地震など、災害別に策定するのがコツ。最も基本的な「命」を守る行動指針はこれらにまとめられているから、BCPではITのことだけを考えればよいのです。

②コンティンジェンシー・プラン（Contingency Plan：CP）
　定義にバラつきがあり、どれが正しいか判断がつきかねる用語。日本ではこれを「緊急対応計画」と訳したり、IT用語（コンチプラン）として定着していますが、本来は「予想通りに危機に対処できなかった時に発動するプラン（プランBと呼ばれる）」であり、事後的なBCPやDRPをも包括する言葉です。

③インシデント・マネジメント・プラン（Incident Management Plan：IMP）
　イギリスに見られる用語で、危機の初動から運用を始めるという意味ではERPと同義ですが、ERPに比べると包括的な段階を含んでいます。つまりインシデントの発生からBCPの発動、そして事業が正常に回復するまでの管理活動の指針など、まさに大企業などにふさわしい「マネジメント」的な色合いの濃いプランです。

　ちなみにこの中から、本書がエマージェンシー・レスポンス・プラン（ERP）を採用した理由は、言葉の定義が明快で作りやすく、大企業から中小零細企業まで幅広く適用できる点にあります。

第二部　命と会社を守るリアルBCPの作り方

第7章
ビジネスの継続/復旧ツールを作る

　主要な事業とそれを成り立たせている重要業務は、会社の存在意義そのものです。非常時と言えども、これらの業務を継続するのは大切なことです。しかし、予算・技術・管理面で会社の能力を超えたプランを無理に適用するわけにもいきません。ここでは「できること」と「できないこと」をはっきりさせ、等身大の業務継続と効率的な復旧を実現するための知恵と工夫を提案します。

STEP 4-1
重要業務の継続方法

■**重要業務は「BCPの目的」から導く**

　「非常時においても重要な業務は継続しなければならない」。このようなBCPのあり方はしかし、ある種の誤解を招きやすいことも確かです。中には、そんな無茶な……と白けた気持ちになる人もいるでしょう。「大地震などが起こっても、家庭を顧みずに会社の仕事を優先せよということか?」そんな懐疑心あるいは抵抗感があるからです。

　もちろんこれは文字通りの誤解に過ぎません。会社よりも何よりも家庭を、家族を守るのが先です。BCPが求めているのはその後のこと。第4章で、BCPには二つの目的があることを述べました。一つは「人の命を守る」こと。これは第5章と6章で避難計画やERP（緊急対応プラン）の形で具体的なアクションプランを示しました。もう一つは「事業者としての使命や責任をまっとうする」こと。こちらはまさに、本章の主要なテーマである「重要業務の継続方法」に関することです。

　では、「事業者としての使命や責任をまっとうする」とは、どのような業務をやり遂げることなのでしょうか。これを導く手順はけっしてむずかしくはありません。まず第4章で決めた「BCPの目的」を手元において、その文言を確認してください。そこから、どの業務をピックアップすれば目的を実現できるのかがすぐにわかるはずです。具体的な例で見てみましょう。

　ある物流会社のBCPの目的に「非常時においても可能な限りお客様の輸送ニーズに応えること」という文言が書かれてあるとします。この「お客様の輸送ニーズに応える」ためには、どんな業務とどんな手段が必要かは、日常のルーチン業務を思い起こせば一目瞭然です。たとえば

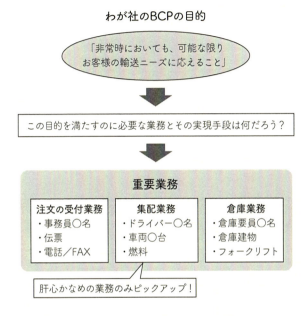

図表7-1：重要業務とその実行手段の導き方

図表7-1のようになると考えられます。

　日々のルーチン業務としてリストアップされるこれらの業務が、輸送ニーズに応えるために必要な「重要業務」となります。万一非常事態が起こったら、他の業務は差し置いてもこの3つの業務はしっかり意識し、お客様のニーズに応えましょうということです。ところが、非常事態下では「いつもの業務がいつも通りに行えない」可能性がありますから、ここにBCPとしての一工夫が求められるわけです。

■「継続」か「復旧」か

　災害の影響により重要業務に着手したくてもできない。BCPではこのジレンマをどう解決するのでしょうか。BCPの原則論なら、ここで

目の覚めるような戦略的な手段を駆使して切り抜けることを提案するわけですが、あいにく本書は「とりあえず主義」がモットーです。読者のみなさんに無理な方法を押し付けるわけにはいきません。「できること」と「できないこと」を区別する。これだけです。「できること」とは、いつもの方法が使えないならアレがあるじゃないか、という場合。「できないこと」とはその逆で、どんなにがんばってもいつものやり方以外に重要業務を遂行する方法は見当たらないという場合。ここから次の方針が導かれます。

- 別の方法で重要業務が行えるなら、それを実行すればよい
- いつもの方法でしか重要業務を行えないのなら、それが可能になるまで復旧に専念するしかない

この判定を先ほどの物流会社の3つの重要業務に当てはめてみましょう。物流会社の緊急対策チームは、お客様のニーズを最低限満たせるように次のような判断をするに違いありません（自然災害などを想定した場合です）。

① 注文の受付業務
　事務員1名は出社している。パソコンと伝票が使えなければ当面ノートに手書きで済ませる（復旧後に手入力）。客先との注文のやり取りは固定電話とFAXの代わりに携帯とメールで何とかなるだろう。

② 集配業務
　輸送ドライバーは代行者も含めて3名は確保可能だ。トラック5台中1台は復旧物資の運搬に使用中だが、残り4台は輸送用に待機している。燃料は行きつけのガソリンスタンド2か所を利用できる。

③ 倉庫業務

　倉庫要員1名は自宅の被災で出社できないので、若手営業部員2名で荷の積み下ろしを代行させる。入出庫に関わる事務処理は手書きで事務員に担当してもらう。

　実際の災害では、どの業務は継続できてどの業務は実施不可能なのか、災害の規模や性質、そのときどきの状況によってダイナミックに変化することに注意してください。もしうまく①～③の条件を満たすことができるなら、重要業務を継続しながら復旧を進めることになるでしょう。逆に、これらの条件を部分的または全面的に満たせず、重要業務を続行できないとわかったら、あとは通常業務を再開できるようになるまで復旧に全力を注ぐことになるでしょう。どちらを採るにしても、「BCPの目的」の達成を念頭に置いて活動することに変わりはありません。

■代替手段は手の届く範囲のものを適用する

　災害という特別な状況のもとでは、いつもの手段、いつもの手順で業務を行うのはむずかしいため、それに代わる変則的な方法、つまり「代替手段」を模索しなければなりません。先ほどの物流会社のケースでは、非常事態下で3つの重要業務（注文の受付業務、集配業務、倉庫業務）を行うためのノウハウを示しました。パソコンと伝票が使えなければノートに手書きで済ませ、復旧後に手入力するとか、注文を受けるための固定電話やFAXが使えないのなら、客先とのコニケーションは携帯電話とメールで行うといったことです。こうした身近な代替手段による重要業務の継続の例は、ほかにもさまざまなパターンがあります。以下ではいくつかの業種を取り上げ、応用性のある（そしてコストのかからない）典型的な重要業務の代替継続方法について触れておきましょう。

① 一般的なオフィス業務
　オフィス業務は典型的なITのBCP対策、つまり業務継続のためのさまざまな代替方法がすでに確立している分野です。パソコンが使えなければ手書きで対応する。オフィスが被災してもインターネットを介して自宅や遠隔地の事業拠点から最低限の業務を行うことは可能です。

② 店舗サービス（顧客対面型）業務
　銀行や信用金庫による非常時預金払い出し業務、スーパーや百貨店の青空販売（軒先での食料や雑貨の販売業務）などは、店舗の被災、ネットワークの寸断、レジの使用不能にかかわらず、「とりあえず主義」に即してすべて人の手で行われる業務継続手段の典型でしょう。

③ 工場の生産業務
　工場は最も代替の効きにくい複雑な要素の集まりではありますが、旧工場と新工場みたいな関係で、同じような生産設備、同じような原材料や部品を使用する工場を複数所有している場合は、新工場が被災したら旧工場で代替生産することも可能な場合があります（鉄工所、金型工場、汎用品などを作る工場など）。

④ 病院の診療（トリアージ）業務
　緊急医療業務では、職員自身の迅速な人的対応能力が鍵となります。仮設テント、救急カートや車椅子、災害用ベッド、松葉杖などはすでに院内にあるものを使用し、生命を維持するための装置や照明用の最低限の電気は発電機でまかなうといった方法をとります。

STEP 4-2
効率よく復旧を進めるために

■復旧を加速させるための条件

　事業資産の破壊や損傷といった物理的な被害をともなう災害では、被害を受けた個所を速やかに復旧しなければなりません。ところがこれまでのBCPにおいて、復旧の手順を計画的に立案し、段取りを組めるのは、ITやデータの復旧に限られていました（いわゆるディザスターリカバリと呼ばれるノウハウがそれです）。IT以外の施設・建物、工場設備にウェイトを置く防災型BCPでは、もっぱら災害発生初期の動き方や防災・減災対策、業務を継続するための手順がBCP策定の中心議題となっていて、「復旧」についてはほとんど触れられてこなかったと言っても過言ではありません。

　なぜかと言うと、「実際に災害が起こってみないと、どこがどう被害を受けるかわからない。だから復旧については前もって決められるようなことは何もない」。このように考える企業が少なくないからです。それでもあえてBCPに復旧のための段取りを盛り込もうと考えたら、「倉庫の火災で商品100個がダメになったと仮定しよう」「機械設備1台が転倒し、壁を壊したと想定しよう」「電気設備が1メートル冠水したことにしよう」となり、被害発生から復旧完了までの1本のシナリオもしくはストーリーを適当にこしらえて、それをBCPに書くことになるわけです。

　被害の状況とその復旧手順をなぞることは、統計的に頻繁に発生する故障や事故対応ならば意味のあることです。あるいは訓練のシミュレーションとしてなら役にも立つでしょう。しかし、実際にはどこで何が起こるかわからない未知のダメージに対して、思いつくままの被害想定と

その復旧手順をBCP文書に盛り込むというのはいかがなものでしょう。想像で書いたことと、実際に起こり得ることとは何の関係もないではありませんか。

このように考えると、恣意的な想定や復旧のストーリーに代わる、もっと地に足の着いた要素をBCPの復旧要件として盛り込む必要があるのではと思うわけです。テクノロジーの世界には「ブースター」という言葉があります。電波や電力を増幅する仕組みがブースターです。ロケットが発射する際に用いられる補助推進装置もブースターと言います。復旧活動にも、これを少しでも能率的に進めるための「ブースター」があるのではないか。物理的な被害をともなうどんな災害の復旧にも共通する要素、前もって決めておくことのできる要素があるのではないか。このように考えたとき見えてくるのが次の5つの基本事項です。

- ・復旧担当部門を決めておく
- ・マンパワーを確保する
- ・災害復旧資金を用意する
- ・復旧依頼先リストを完備する
- ・復旧支援協力方法を取り決める

以下では、これらを中心にBCPの復旧要件としてどんなことを決めればよいかを説明します。

■復旧担当部門とマンパワーの確保
　復旧を少しでも合理的に進めるための最も基本的な条件は「人」です。だれがどのような役割を受け持ち、どこまで責任を持って復旧作業に当たるのか。これがあらかじめ決まっているか否かで、復旧の進捗に影響することは言うまでもありません。
　よく「災害が起こったとき、だれが復旧現場に駆け付けられるかわか

らないから担当者は決められない」といった意見を耳にすることがあります。ですが、もし指名された本人が現場に急行できないなら、代行者を探して当たるしかないでしょう。要は自分たちの守備範囲は自分たちで守る、自分たちで復旧するという意識付けの問題なのです。危機への対応というものが誰にも自覚されず、何も役割が決まっていなければ、遅々として復旧ははかどりません。

　このようなことのないように、暫定的でかまわないので前もって役割を決めておきましょう。また、欠員が出たらどこからマンパワーを補充するかといったことも簡潔に規定しておきます。具体的なポイントは次のとおり。

(1) 復旧担当部門の決定
　少人数の会社では、全社員がさまざまなタイプの復旧活動を兼任するしかありませんが、ある程度の規模の会社ならば、部署ごとまたは業務機能ごとに復旧の役割を決めることができます。たとえば総務部と営業業務部は建物・施設・備品の修理修復、買い替えの手配、システム管理部はパソコンとLANおよびデータの復旧関係、製造部門と倉庫管理、出荷部門は工場内の各設備の復旧に当たる、といった具合です。これについては、各部門長の集まりである緊急対策チームメンバーのリスト（附録A-1を参照）に担当すべき役割を併記しておきましょう。

(2) マンパワーの確保
　大きな災害では、さまざまな理由で出社できない従業員が出てきます（全員そろうことは稀です）。緊急対策チームはどの場所がどの程度被災しているかいち早く情報を得て、少ないマンパワーをやり繰りしながら、その時々で臨機応変に適切な人員を割り振る工夫が必要です。もし自部門が被災を免れた場合には、復旧を急ぐ他の部門を支援・サポートをする側に回ることになるのは言うまでもありません。必要に応じて、被災

現場の片づけなどに外部のマンパワーを利用する場合はそのリストを完備しておくとよいでしょう。

■災害のための資金を蓄えておく

　大地震の直後、自宅に残った人、避難所生活を始めた人、いずれも「先立つものが手元にないと困る」とため息をつきます。近くのスーパーで被災して商品価値の下がった食品や日用品のバッタ売りを始めた。しかしお金がない。車で買い出しに行きたいが、車を動かすガソリンを買うにも先立つものがない。個人ですらこのような状況です。会社の場合、復旧に際して必要となるお金、いわば「非常時の運転資金」の欠乏は、災害の規模が大きければ大きいほどやっかいな問題となります。収入のまったくない状態が続いている間にも、復旧に関わるさまざまな支出、従業員の給与、その他こまごまとした出費が嵩んでゆく……。こうした状況を少しでも改善するために、災害時の資金確保について次の①～③の側面から考えてみましょう。

① キャッシュ

　災害直後から必要になります。身近なものでは復旧活動に当たる従業員の食事代から、臨時スタッフの人件費、宿泊費、従業員の送迎や物資調達のための車両の燃料代、その他に至るまで多種多様です。会社の規模にもよりますが、たとえば10～数十万円を金庫に保持しておくとよいでしょう。

② 貯金

　被災した事業資産の調査費用、修理修復・買換え、保守点検費用など復旧全般に必要なお金。会社の運営維持費（固定費など）、売上機会損失の補てんなど。平均売上1か月分程度を維持するのが望ましいと言われています。

③ その他

　損害保険なども考えられますが、大規模災害による事業活動の阻害は、直接、間接多種多様であり、自社の物理的な損害だけが原因とは限りません。また、掛け捨ての損害保険に加入するだけのお金があれば、さまざまな目に見える防災・減災対策の充実に振り向ける方が先でしょう。

　大規模災害では、日頃から経営が順調とは言えない企業ほど、災害で立ち直れなくなるリスクは高いという現実があります。激しい競争と不透明な経済状況にさらされている中小企業にとって、順風に乗ることは容易ではないかもしれません。しかし、日々の経営を健全に維持する努力もまた、災害を生き延びる最も心強い手段の一つとなることは間違いありません。

■復旧依頼先リストの完備

　小さな災害ならともかく、BCPを手にするほどの大きな災害では、自社だけで自己充足的に復旧をやり遂げるのは困難です。餅は餅屋、多くは専門知識を持つ業者や保守点検のエンジニアに依頼しなければ何も進みません。そのための依頼先リストが手元にあれば復旧はある程度はかどりますが、もし被災して手元にリストがなければ、どの業者へ依頼すべきか皆目見当がつきません。重要アイテム一つひとつ、修理や修復、あるいは買い替えのために、それぞれの連絡先を手探りで探し当てるという非効率な作業が待っているわけです。

　こうした困難な事態を避けるためにも、次ページの①〜⑤のリストを作成し、紙に出力してBCPに添付するか、被災の恐れのない場所（金庫や社長の自宅など）に保管しておくことは不可欠です（附録B-1、B-5など参照）。

①外注のマンパワー

　被災現場の片づけには人手が必要です。このための臨時従業員確保の手段（人材派遣会社やネットの募集サイト、ハローワークなど）をリスト化しておきます。構内のガレキ撤去には重機を使うこともあるので、これらの業者の名簿も必要でしょう。

②インフラ関係

　電気、電話、水道などの事業者の連絡先をリスト化しておきます。

③IT・通信・電気設備関係

　これも広い意味ではインフラですが、とくにITやネットワークについてはシステム構築業者、構内の受電設備や電気配線の故障や不具合については専門の電気工事事業者のリストを完備しておきます。

図表7-2：復旧を加速させる5つの条件

④生産設備関係

製造業では大型・小型の製造装置、天井クレーン等の設備業者や保守点検サービス、および機械メーカーの連絡先のリストを完備してください。

⑤ファシリティー関係

自社所有の建物ならば建築士、施工業者に修理・修復・点検を依頼しなければなりません。オフィス内の机、椅子、備品、什器、OA機器、エレベータなどについては、ファシリティ業者や商社などの調達先をリスト化します。

■復旧支援協力は社長の"顔"で勝負する

第2章では、競争社会にあって企業どうしが災害を前提とした支援協力関係を築くのはむずかしいと述べました。ではまったく不可能であきらめるしかないのかと言えば、必ずしもそうではありません。いわゆる企業間の「災害時協力協定」のような正式なものでなくとも、もっと身近にできる、次のような相互協力の方法もあるのではと思うのです。

(1) 組合や団体のパートナーシップを活用する

企業はさまざまな組合や団体に加入していることが多いものです。こうした組織では、たとえば組合長にあたる会社の社長がリーダーシップをとり、会員を集めて災害時の復旧支援についてあらかじめ話し合っておくことも可能でしょう。実りある結果を出すためには、いくつかのポイントに配慮しなければなりません。たとえば、少なくともリーダーシップをとる会社はBCPを作っていること。BCPが手元にあれば、災害時の活動目的も明確になっているはずですから、復旧支援の必要性をアピールし、そのアイデア出しを呼びかけることも可能でしょう。組合員どうしのアイデア出しに際しては、各自の強みや弱み、できることとで

きないことをオープンにする姿勢を持ってもらうこと。「うちの会社はガレキを取り除く重機を貸し出すのはOK。ただし従業員に高齢者が多いから肉体労働はできない」「うちの取引先の中に、懇意にしている食料雑貨を扱う業者がいるから緊急時には役に立つかもしれない」といったことです。なお、これらは緩やかな協力関係であって、実際に災害が発生したとき復旧支援に出向くかどうかはそれぞれの企業の努力目標でかまいません。これを組合員に周知してもらうことをお忘れなく。

(2) オーソドックスな復興の道筋

　宮城県石巻市の造船会社Y社の事例には、復旧・復興を模索する企業が目指すべきいくつかのヒントが含まれています。Y社は2011年3月11日の大津波で、工場設備が壊滅しました。創業以来の図面や顧客情報などはすべて流失。建造中の2隻の貨物船の内、完成引き渡し間近の一隻は橋げたを破壊して水路に乗り上げ、後に解体。もう一隻は対岸の防波堤に乗り上げました。船内で作業中の作業員たちはヘリで全員救出されました。同社社長によれば、一度は廃業も考えたそうですが、一人の犠牲者も出なかったことが、再起をかけて自らを奮い立たせるきっかけにつながったと言います。

　被災から数か月後、Y社は静岡県にある同業の造船会社K重工と業務提携し、震災前に受注した貨物船2隻を同重工の設備を借り受けて建造しました。その間、企業再生支援機構の支援による債権放棄や、複数の機関から復興資金の提供を受けるなどして本社工場の再建を進め、1年半後には新たな造船部門を再開できたと言います。

　従来のBCPは、数日～数週間という短いスパンでの復旧テクニックにウェイトが置かれがちです。しかし社長が中心となって、こうした業務提携、債権放棄や融資などのオーソドックスな方法を駆使し、少し長い時間をかけることによって、復興の階段を一歩一歩登っていくことは十分可能なのです。

第二部　命と会社を守るリアルBCPの作り方

第8章
プラスαの防災・減災対策

　防災・減災対策の要は何か。定評ある専門家に緻密なリスクアセスメントをやってもらうこと？　潤沢な対策予算を確保すること？　いずれも違います。最も基本的な要件は社内の整理整頓です。一方、防災・減災対策の範囲が広すぎて手が回らないとこぼす担当者もいます。こんな時は、私たちの「命」と事業資産の「ボトルネック」に着目すれば、その範囲を特定しやすくなります。

STEP 5-1
防災・減災対策に着手する前に

■乱雑な仕事場がリスクを呼び寄せる

　どんなに立派なBCPを作っても、前もって被害を軽減するための最低限の防災・減災対策がとられていなければ、必要な活動が阻害されてBCPが機能しなくなるおそれがあります。この章では、そうしたことが起こらないように、あなたの会社にとって大切な人々と事業資産を守るためにはどうすればよいか、その対策のポイントを説明します。まずは、一見、防災・減災対策とは関係なさそうですが、とても大切な話から始めたいと思います。

　「空き巣は玄関や庭先が掃除されていなかったり、モノが乱雑に散らかっている家を狙う」。こんなことを耳にしたことがあるでしょう。これらは手入れの行き届かない家や留守がちな家の特徴であり、家の管理にルーズな証拠であり、空き巣が侵入の痕跡を隠すための恰好のカムフラージュでもあります。実はこのことは、みなさんの会社、みなさんの姿勢にも深く関係しています。つまり「掃除や整理整頓の行き届いていない職場はリスクを呼び寄せやすい」ということです。

　たとえば機密情報の漏えい。職場によってはさまざまな人が出入りします。散らかった机上に放置した機密情報を──それがUSBのメモリスティックであっても紙にプリントアウトしたものであっても──第三者があなたに気づかれずに持ち出すのは容易なことです。
　また、火災発生時はどうでしょう。何はともあれ大急ぎで大切な書類やデータファイルを持ち出し、避難しなければならない。そんな時に机の周りが散らかっていたら、どこから何をとり出せばよいかパニックに

陥るしかありません。河川の氾濫による水害でも同じことが起こります。このままでは机の高さまで水が来るかもしれない。急いで重要なモノを上の階に退避しなくては、という時に、やはり散らかっていては退避に時間がかかって危険は増すばかりでしょう。

さらに、大地震などでは極めつけのことが起こります。棚やパーテーションは倒れ、机上周りにうず高く積みあがった書類や放置された段ボール箱などは一瞬にしてぐしゃぐしゃに床上に散乱します。足の踏み場もないほど散らかった床にあなたは足をとられ、避難もままならない状況に陥るかもしれません。

こんなことにならないためには、防災対策うんぬん以前の問題として、社内をきちんと整理整頓しておくことが最も基本的で効果的な方法と言えるでしょう。

■整理・整頓のススメ

しかし、思い立ったが吉日で、年一回の大掃除のような呼びかけをしたのでは意味がありません。きちんと社内に根付かせる必要があります。ここで思い出してほしいのが、いわゆる「3S活動」と呼ばれる社内習慣です。3Sは「整理」「整頓」「清掃」のことで、もともとは製造業などで始まったものと言われていますが、今ではオフィスにも広がっています。

① 整理

要るものと要らないものの区分けをはっきりさせることを言います。要不要の区分けは、その使用頻度によって決めます。頻繁に使うものは手元におく、とり出しやすい場所におく（ただし重要なものは厳重管理が必要）、あまり使わないものは保管庫の中でも目立つ場所にまとめて保管する、ほとんど使わないものは捨てるか倉庫などに保管するといった処置をします。

② 整頓

　必要なものを必要なときに、効率よく取り出せるようにすることを言います。古いスチール製の棚の上に書類などが山積しているオフィスでは壁に埋め込み式の収納棚を、組立部品や工具がテキトーに置かれている棚やワゴンのある工場などではやはり用途や種類を分別した引き出しなどを使う。使用頻度、作業導線などを考慮して定位置に保管したり、保管している器具の名前や数量をラベルに書いて管理しやすくするとよいでしょう。

③ 清掃

　職場のゴミをなくし、汚れのないきれいな状態にすると同時に、不具合のある箇所の点検を行います。日常的に掃除ができない箇所は、スケジュールを組んで全員で定期的に行いましょう。だれかが掃除してくれるだろう、ではなく、毎朝自ら自分の持ち場を清掃することで心もシャキッとなり、ひいては予期せぬ事態が起こっても、慌てず騒がず対処する姿勢にもつながってくるのです。

　3Sが習慣付けられている職場は、単に清潔で気持ちがよいというだけでなく、実際に生産性や能率が上がることがいろいろな事例から証明されています。ある会社のケースでは、3Sの習慣づけによってそれまで一人の社員が必要なモノを探すのに費やしていた時間（一日平均30分）をなくすことができたと言います。ましてや大切なものを素早く持ち出して避難しなければならない一刻一秒をあらそう時に、「アレ、どこへいったかなあ？……」などと悠長に探している時間などありません。

■防災・減災対策のかなめは「人」と「ボトルネック」

　「必要な防災・減災対策の範囲をどこからどこまでとればよいか」。これはBCPや防災を考える際に避けては通れない基本的なテーマの一つ

です。BCPの原則論にしたがえば、この範囲はあらかじめ絞り込まれた「中核事業」の活動範囲、つまり主要な製品やサービスを提供するために必要な重要業務のグループが対象として選ばれるわけです。

　しかし、中核事業を営むための活動を中心に絞り込まれた範囲を守るということは、この範囲に含まれない他のエリアに属する人、モノ、情報は守らなくてよいということでしょうか？　BCPの原則論はこれには答えてくれません。もっとも常識から言えば「中核事業に属する人、モノ、情報だけを守るなんてあり得ない。どの事業だろうと人が活動するエリア、重要な事業資産が配備されているエリアは守るのが当り前」と考えるのが自然でしょう。そうだとするとBCPで守る範囲を中核事業とその重要業務まわりに限定するというのは、ほとんど意味を持ちません。もっとオーソドックスで一般的な防災・減災対策で十分ではないかと思うわけです。たとえば次の2つのように。

(1) 人が危険に曝されやすいところを重点的に手当する

　スペースに余裕のない狭いオフィスでは、人の座っているすぐ後ろに背の高いスチール棚があったり、ドアのそばにパーテーションが立ててあったりします。これらは地震に対して脆く、避難の際に大けがをしたり扉を塞いで通行できなくなったりする危険性があります。火気や可燃物を扱う工場なのに防火対策がほとんどとられておらず、爆発火災を起こして犠牲者が出て、休業や廃業を余儀なくされる工場も少なくありません。「人が危険に曝されている場所はないか」。この視点で社内を巡回してみましょう。

(2) 危機や災害の影響を受けやすい重要資源を重点的に守る

　データのバックアップなど、パソコン業務における情報セキュリティ対策は、この最も基本的なものです。また河川の近くや山間部に事務所や工場を持つ会社も多く、万一の際は洪水が発生して受電設備や生産設

備が水につかってしまったり、土砂崩れで事務的に立入りできなくなったりするリスクもあります。こうしたリスクの特定方法は第6章で示しました。特定されたリスクについては、重要な事業資産のボトルネック部分（ここがやられたらお終いだ！）を中心に対策を講じるとよいでしょう。

　いずれも対策を講じるのは"肝心な部分"だけです。たとえて言えば、人と車を守るための必要不可欠な安全機構として、ピンポイント的にエアバックやシートベルトなどを装備するようなもの。以下ではこうした視点で対策のあれこれを説明していきます。

STEP 5-2
ワンランクUPのさまざまな対策

■オールラウンドな対策に近づくために

　「底なし」「天井知らず」といった言葉は、もはや物価や相場の変動を表す新聞の経済面だけで使われる言葉ではなくなりました。近年の自然災害を振り返れば、だれしもそう実感するのではないでしょうか。東日本大震災の3連動型巨大地震、それにともなう巨大津波、その5年後に起こった熊本大地震では震度7の揺れが2度も相次ぎました。

　こうした底なし、天井知らずの脅威は日本に限ったことではありません。2013年米オクラホマ州で発生した空前絶後の巨大竜巻は最大瞬間風速90メートルでムーアの町を直撃、すべてを破壊しつくしました。中国やフィリピン、バングラディッシュ、インド、そしてヨーロッパでは、毎年のように信じられないような洪水が頻発しています。

　第6章の緊急対応プラン（ERP）では、災害の被害や影響を少しでも軽減するための最低限の対策を述べました。が、今日のこうした災害の現実から言えば、小手先の対策ではなしに、オールラウンドな、全方位型の対策が求められる時代に入ってきたようにも思います。

　本来はもっと強力な対策を導入しなければ、この巨大化、ゲリラ化する自然災害の前ではなすすべがないと言っても過言ではありません。
しかしそうは言っても、私たち一人ひとり、企業一社一社にできることは限られていることも確かです。安心、安全、便利な文明の利器にどっぷり浸ってきた私たちが、危機を乗り越えるためにできることは何か。この文明の利器から一歩距離を置いて、ITなどの高度なテクノロジーが普及する以前の、昔からあったアナログ的なやり方も思い出しながら、あらゆる面から知恵を絞ること。これしかないのだと思います。

以下ではこうした見方のヒントとなるべく、オーソドックスな視点からの対策を述べています。中にはERPの一環としてすでに述べたものもありますが、ここでは目的別、用途別に整理しています。BCPが完成した後の見直しの際に、追加的に検討し、役立ててみてください。

■ 通信・伝達手段の確保

大震災のような広域災害ではただ一つの有効な通信・伝達手段というものは存在しません。経験的に言えることは、可能なかぎり複数の手段を駆使する、ということです。次の①～③は種類別に通信、伝達手段をまとめたものです。

① デジタルツールの活用

PCや携帯の電子メールは、災害時には送受信の遅延が生じますが、その時差さえ気にしなければほぼ確実に相手に届きます（端末のバッテリー切れに注意）。ツイッターなども会社として緊急連絡用にアカウントを取得しておくとよいでしょう。他の通信手段としては自動安否確認サービス、衛星電話、MCA無線などのオプションもあります。安否がなかなかつかめない場合に備えて災害用伝言板171、Web171、携帯用災害伝言板の使い方を各個人とその家族に周知しておきましょう。

② 徒歩や自転車の活用

従業員の自宅、顧客、取引先などが日常の活動範囲から見て比較的近い場所にある場合は、徒歩や自転車、バイクで出向いて安否情報や相手のニーズを収集、あるいはこちらから伝えることができます。緊急性の低い伝言はハガキで代用できます。東日本大震災の後、仙台や福島の被災地では、ガソリン不足や道路に山積したガレキで自動車が使えなかったため、伝言や小荷物の運搬に自転車の機動力が高く評価されてニーズが殺到したと言われています。

③ 連絡がとれない場合の自主的行動ルール

　どんな手段を駆使しても、しばらく連絡がつかない、安否が確認できない場合もあります。特に外出、出張の多い社員については、仕事で移動中や客先を訪問中に被災する可能性も考えておくことが必要です。このため、連絡がとれない場合に備え、主要な訪問場所や待機場所、帰社するか帰宅するかについて話合い、部課内で共有しておくことが必要でしょう。

■情報システムとデータを守る

　情報システムと電子データは業務に不可欠な経営資源です。とくに後者は、ひとたび事故や災害に遭えば、膨大かつ唯一無二の情報を失って、取り返しのつかない深刻なダメージを受ける可能性があります。これらの点検と対策のポイントは次のとおりです。

① サーバ・PC・ルーター類の保護

　サーバの転倒防止・PCの机上からの落下防止、ケーブルやルーター類は破断・破損しにくいように工夫しているかなどを点検します。重要なデータを格納したサーバ類は、免震機能のあるラックに収納するなどして、地震による位置ズレや振動、転倒を防止することが大切です。また複数のサーバを収納した部屋がある場合は、空調対策がとられているか、空調機器が停止した時の対応方法も含めて確認しましょう。

② データは確実に保護されているか？

　受発注データや顧客データ、生産管理データ、設計データなど、きわめて重要なデータが格納されている基幹サーバ等については、停電時の対策としてUPS（無停電電源装置）を設置しているかどうか確認してください。重要なデータは外部記憶媒体（USBや磁気テープ、ディスク）にバックアップをとるとともに、同時被災しないように離れた場所（支

店・営業所や保管倉庫、社長自宅など）に保管してください。なお、今ではリモートでバックアップ/リストアを行えるサービスもあるため、緊急時に車両でバックアップを取りに行くリスク（通行不能、ガソリン不足等）を避けることができます。

■工場・店舗のリスクの点検と対策

　東日本大震災の直後、ある工場で部品棚が転倒し、小さなプラスチックケースに小分けして収納していた膨大な数の精密部品が床に散乱している光景を私は目にしました。1点1点が数百円もする部品ですが、もはや分別して元に戻すなんてできません。その片付け風景は、まさにお金をスコップでさらって捨てているようにも見えました。この点検と対策のポイントは次のとおりです。

① 部品・工具・材料・製品・商品の保管棚
　これらはオフィスの棚のリスク対策とほぼ同じです。まずは棚をしっかり固定する、棚に乗せる工具・材料等は地震の揺れでずり落ちないようにストッパー（バンドやバー）を据え付ける。規格別に小さなトレーや箱に小分けして収納してある部品等も、ストッパーや蓋、扉などを付けて落下や飛散を防止してください。

② 可動式のワゴン・固定されていないコンベア
　完成品や仕掛品、工具類をワゴンに乗せて移動する光景を見かけます。これは作業がはかどる反面、ワゴンが転倒して製品や工具が散乱するリスクを抱えています。モノを乗せる時は重心が低くなるように習慣づける、一時的に仮置きする場合はマジックテープ付きのバンドなどで柱などに固定しておく、などの工夫をしてください。固定されていないコンベアも、振動で外れたりコンベア上の製品や箱が落ちるリスクがあります。主要な個所はベルトやワイヤーで固定したり、落下防止ネットなど

でコンベアからの落下を防いでください。

③ 倉庫の積み荷

　倉庫の荷崩れは、片付け、廃棄、再調達と何重にも労力やコストや時間が発生します。パレット落下防止金具や荷崩れ防止装置などを検討してください。液体系の危険物や塗料などを保管する倉庫では、消防法をクリアした貯蔵庫に、きちんと栓やフタをし、保管棚の各段には留め金具、必要に応じてオイルパンの設置なども検討します。

■電力をどう確保するか？

　電気は日常における事業活動の要であるだけでなく、非常時には緊急対策本部をはじめとするさまざまな活動に無くてはならないものです。停電時の電源の確保については、非常時の用途を優先順位付けした上で対策を講じてください。ポイントは次のとおりです。

① 用途の優先順位を決めておく

　災害で大規模停電が起こり、すべての業務が一斉に停止した状況をイメージしてみてください。この状況の中で最も優先度の高い用途から順に書き出してみましょう。それがあなたの会社にとっての非常時の電力ニーズ（次の②と③を参照）となります。

② 小容量の電力でまかなえるオフィスの場合

　オフィスの場合は、緊急対策本部でのさまざまな活動を中心に電力ニーズが発生します。安否確認や情報のやり取りのためのツール（携帯電話、ノートPC、OA機器等）、業務の継続や復旧活動のための照明、冬場なら電気ストーブ用の電源も必要でしょう。身近なツールについてはバッテリー（乾電池や充電池）を完備するとともに、ポータブル発電機のレンタルや自家発電機の常設を検討します。

③ 大容量の電力を必要とする施設の場合の場合

　工場や病院、店舗などの大型施設では、防火・消防用設備等の駆動と業務継続のための電力ニーズの両面から点検と対策を実施します。前者の非常用はどの施設も確実に確保しなければなりませんが、大容量の電力を必要とする業務には、自家用のエンジン発電装置などを確保しなければなりません。中にはきわめて高価なものもあるため、費用対効果を勘案して決めることが必要です。

■原材料・部品・商品は「分散・共有・代替」で

　大きな災害では原材料・部品・商品・製品の調達が困難になることがあります。原因は自社の倉庫や棚卸品の被災（対策は160〜161ページ参照）、輸送・流通網の麻痺（対策は164〜165ページ参照）、仕入先またはその関係企業の被災による品薄や欠品などさまざまです。ここでは「仕入先またはその関係企業の被災による品薄や欠品」のリスク回避について説明します。

① 保管場所の分散

　災害時の手持ち在庫の品薄・欠品リスクを避けるには、在庫を多めに持つのが望ましいのですが、コスト増を考えると現実的ではありません。そこで、有事の際には入手困難になりやすい品目、入手できないと事業が継続できなくなる希少な品目を選定し、これらについては自社の事業所だけでなく、仕入先やメーカーにも一定量在庫を保持してもらえないか検討してください。

② 仕入先の多様化・集中化

　機能や特徴が似ている商品や製品、汎用品などについては、それらを供給している内外の複数のメーカー、複数の販売代理店のリストを作成しておき、非常時にどこまで代替可能かを確認しておきます。スポット

的に少量購入するのがむずかしいアイテムについては、組合や同業者グループを通じて一括購入するといった方法も考えられます。

③ 汎用品による例外対応

　これは②と似ていますが、自社製品の外観、品質、コストの変更をともなう対策です。品目によっては多少の規格外でも自社商品に組み込める材料や類似品もあります。東日本大震災では、専用の食品パッケージの材料が欠品したために、汎用の発泡スチロール製のパッケージを利用した食品メーカーもありました。この変更については店頭のPOPで告知し、店側と消費者の理解を得たと言います。

■建物・施設・生産設備の被災を回避する

　鉄筋コンクリートの建物や大型の設備は、重厚でビクともしないように見えますが、地震エネルギーに比べたら吹けば飛ぶほど脆いものです。ここでは建物、設備に関わるリスクの点検と対策についてポイントを説明します。

① 建物

　建物の築年数と新耐震基準（1981年以降の着工）、地盤の脆い土地では防災マップで液状化のリスクをチェック。対策としては耐震・制震工事や液状化対策工法を検討しますが、すぐには実施できなくても、リスクの有無だけは把握しておいてください。

② 小型生産設備

　重量数百キロ程度までのものは、抑え込み金具、L字型金具で床や壁に固定します。重心の高い設備はワイヤーやベルトで固定したり、設備同士を連結することで転倒のリスクを防止します。

③ 大型生産設備
　大型生産設備は位置ズレのリスクがあり、これだけでも復旧には大がかりな時間と費用が発生します。アンカーボルトやL字型金具などで確実に固定してください。

④ 電気設備
　大地震や水害では、水道管の破断や近くの河川の決壊によって地下室に水が流入しないとも限りません。電気室を地下室のような低い場所に設置している場合は、なるべく上階に移すように検討してください。

⑤ 配管類・天井クレーン等
　配管類は、腐食や外れやすくなっていないかなどを点検し、必要に応じて地震の衝撃を緩和するフレキシブルホース等を適用してください。天井クレーンは、被災した工場内の復旧にも役立つため、地震対策は重要です。脱輪防止装置の導入などを検討してください。

■輸送・移動手段の確保
　非常時における輸送・移動ニーズは多種多様です。非常時には製品や物資をお客様や関係先に急送する、受け取るといったニーズが発生します。復旧活動に当たる従業員の送迎や、壊れた備品やパソコンなどの買い替えのため車を使うこともあるでしょう。しかし、災害時には、まさにこうした移動や輸送を阻むさまざまな障害が発生するものです。ここでは典型的な3つのリスクと対策について考えます。

① 通行の制限
　主要な幹線道路では、災害地支援などの「災害応急対策」を行う車両以外は通行が制限されます。このような場合に備え、複数の代替輸送ルートを用意することはもちろん、行き来を最小限に抑えられるような対策

を講じておく必要があります。たとえば近隣に宿泊施設を確保して復旧スタッフ送迎の回数を減らすなどが考えられます。

② 車両・ドライバー・燃料の不足
　災害時には鉄道網の被災により、トラックの代替輸送ニーズが激増します。また、買占めによる燃料不足も起こり、結果的に深刻な車両、ドライバー、燃料の不足が起こります。この事態を少しでも回避するには、仕入先・納入先・同業者等と協力して給油施設の情報を共有したり、お互いに車両やドライバーを融通し合う関係を築いておくことが大切です。

③ 目的地への到着や帰還が大幅に遅れる
　幹線道路の寸断や通行制限等により、山間部や沿岸部の迂回ルートにトラックが殺到して各所で渋滞が起こり、目的地への到着や帰還が大幅に遅れます。したがって費用対効果や相手ニーズの緊急性を考慮し、トラック以外の代替手段─フェリーや空輸等のオプションもあらかじめ考えておきましょう。

Coffee Break 4

わしらは無事だ！
──つながる力の本質

　ある冬の日の夜、村々を震度6の大地震が襲いました。多くの家が壊れ、あちこちで土砂崩れや地割れが起こりました。村人たちの中にはひどいけがをした人もいましたが、甚大な被害にもかかわらず、命を落とした人は一人もいませんでした……。これは2014年11月に起こった長野県北部地震のエピソードです。村人たちが一致団結して危機を乗り越えられた力の源はどこにあったのでしょうか。

　まず考えられるのは、村人たちがお互いに「思いやる」姿勢を持っていたことでしょう。「独り暮らしのお年寄りや体の不自由な人が災害に遭ったら、さぞかし恐くて心細い思いをするだろうな」と相手を推し量る気持ちのことです。
　また、災害が起こったとき、何をやり遂げなければならないのかという「目標」を、みんなで共有していたこと。これがないと、いざというとき自分の身を守るのが精いっぱいで、あとは右往左往するばかりです。
　そしてその目標をやり遂げるために、自分には何ができるのかという「強み」を自覚していたことも重要です。住民たちは真夜中にもかかわらず声を掛け合い、自ら重機やチェーンソーなどを使って建物の下敷きになった人たちの救出に当たっているのです。

　大きな災害では消防や警察などの人手がいちじるしく不足しますから、家族以外で頼りになるのは隣人同士の助け合い（共助）しかありません。いざという時のために、日頃から隣近所と気軽にあいさつを交わし、お年寄りや体の不自由な人、小さなお子さんはいるのかといったことをある程度把握しておきましょう。町内の防災訓練や集会の場にも積極的に参加して、災害時に自分たちはどう動けばよいのかをしっかり話し合っておくことも大切でしょう。

第二部　命と会社を守るリアルBCPの作り方

第9章
BCPの文書管理と訓練のことなど

これまでのBCPには、ISOなどに代表されるマネジメントシステムの要求項目が関連づけられていました。しかしBCPをISO等と同じスタンスで扱うことには一長一短があることも事実（手続きが煩雑、形骸化を招きやすいなど）。本書では、この部分についてはPDCAに沿った厳格なマネジメントは求めず、本当に必要なBCPの文書管理と訓練についてのみ、ピンポイント的に解説しています。

1 BCP文書の作成と配布

■**BCPが完成したら全体をチェックしよう**

　本書では図表9-1のようなプランや規定で成り立っているドキュメントを総称して「BCP」と呼んでいます。緊急対応プラン（ERP）について、本書では「火災」「地震」「水害」の3種類を中心に解説していますが、この3種類が必須であるという意味でも、3種類作れば万事OKという意味でもありません。第4章で述べたように、あなたの会社にとって「最も警戒しなければならない危機や災害」をピックアップし、まずそれを作る。そして次にBCPを見直す際に、必要に応じて一つずつ追加的に作成していく。それが無理なくBCPを充実させていく方法なのです。

■**後悔しないBCP運用管理のコツ**

　「ある日、会社に予期せぬ事態が発生した。総務部のAさんは取り急ぎBCP文書をファイル棚からとり出し、緊急対策メンバーの集まる会議室へ向かおうと思った。ところがハタと体が固まってしまった。肝心のBCP文書、最新版を紙に出力せずにUSBのメモリスティックに入れっぱなしだったのを思い出したのである。そのUSBが見当たらない！ どうしよう。これはまさに緊急事態だ……」。

　これは実際にあったBCPの運用管理面での失敗例です。あまりに自明なことではありますが、BCPは"緊急事態"が起こったときに使うドキュメントです。緊急事態の際にBCPを参照できないことが緊急事態となるようでは、洒落にもなりません。間違ってもこんなことが起こらないように、次の3点に留意して、適切にBCP文書を管理したいものです。

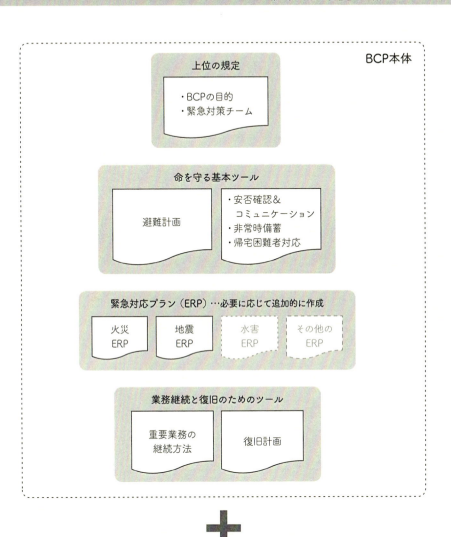

図表9-1：BCP文書の成り立ち

①BCP文書の紙への出力

　まずBCPはいつどんな時に手にとることになるかわかりません。BCPが完成したら、あるいは改訂したら、可能な限りその日のうちに紙にプリントアウトしてください。パソコンやサーバ、USBに保存したままでは前記の例のように参照できないことが起こったりするためです。

②BCPの配布または保管先

　BCPの印刷と配布に関わる手間は、なるべく省きたいところです。本書では中小企業を想定しているので、配布・保管場所については次の3か所（3部）でよいものと考えています。

- 総務部（いわゆるBCP文書の管理部署のことです）
- 非常時持ち出しザック（常備してください）
- 社長の自宅の金庫または支店・営業所を代表して1か所（同時被災による消失を防ぐため）

③BCP文書の取り扱い

　BCP文書には個人の氏名、携帯電話番号、メールアドレス、顧客情報や重要な資産の管理情報など、早い話が社内秘の情報が記載されています。この文書の取り扱いや保管に関しては、「素早くとり出せる」こと、そして「盗難や紛失の恐れがないこと」の二つの条件を同時に満たすように心がけてください。また、旧文書を廃棄する際は、他の機密文書と同じようにシュレッターにかけて処分しましょう。

❷ いざという時〈使えるBCP〉にするために

■手入れの行き届かない車は錆びるしかない

　日々の会社の業務は、右から左への流れ作業そのものです。BCPの策定のようなイレギュラーな活動の場合はなおさらのこと。BCPが完成し、社長の承認サインをもらう。やれやれ、これでやっと終わった。BCPなんて実際に災害が起こったときにしか手にする機会はないだろう。あなたはほっと胸をなで下ろし、二度と取り出すことのなさそうな棚や引き出しの奥深くにBCPをしまい込む。席に戻ればそこに待っているのは次に処理すべき書類の山また山……。こうしてBCPはすぐに忘れ去られてしまうのです。

　時間が経てばBCPに記載した情報は古くなるし、「緊急時にはアレとコレを用意すること」と規定してあった肝心の"アレとコレ"が、いざというとき見当たらないといったことも起こります。緊急時の方針や手順の意味や目的を忘れてしまい、機敏な行動がとれず、お互いに顔を見合わせておろおろするばかり……。手入れの行き届かない車は錆びるしかないのです。

　こんなことにならないためにも、万一の事態のときにはBCPが曲がりなりにも役に立ち、スタッフ全員が適切な行動がとれるように、日頃からBCPを生かす工夫をすることが肝要です。BCPを軸とした日常の管理と運用はいわばマイカーの保守点検のようなもの。習慣づけることが大切です。ポイントは次の3つです

・日常の点検
・記載内容の見直しと更新
・BCPに即した訓練の実施

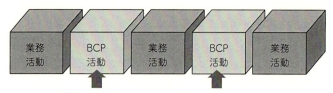

BCPの活動を新規の「業務」とみなしてラインナップに追加してはいけない

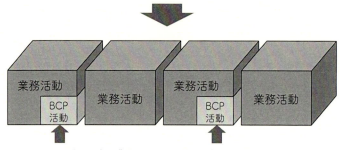

BCPの活動を既存の業務活動の一部として組み込む

図表9-2：負担を増やさないBCPの活動の工夫

　こうした活動のイニシアチブを取るのはBCP事務局ですが、それぞれを新規の「業務」とみなして日常業務の中に組み込もうとすると、気持ち的にも重くなります。コツは、社内で習慣化している行事や活動の中に、BCPの活動を「それとなく紛れ込ませる工夫をする」こと。たとえば防災週間における活動の1つとして、社員教育、あるいは定期的なミーティングの一コマとして組み込むこともできるでしょう。これまで一つの社内研修にフルに3時間使っていたとしたら、最後の15〜30分をBCPのレクチャーに割り当てるといったことです。定例化した行事に組み込むことで、追加的な負担を感じることなく実施できるものです。何よりも大切なのは「確実に習慣づける」ことです。無理なスケジュールを組んでも長続きはしません（図表9-2）。

■ 日常の点検方法

　ここではBCPの管理と運用の一つ目、「日常の点検」について説明し

ます。日常の点検とは、言うまでもなく災害を未然に防ぎ、あるいは災害発生時の被害を軽減するための防災・減災対策が、正しく維持されているかどうかを点検するという意味です。基本的な点検のポイントは以下のとおりです。

① 「防火設備と避難設備」の点検

　消火器やスプリンクラーの設置状況、非常扉などを含め、火災発生時に正しく使えるかどうかを点検します。屋内から屋外への避難経路に障害物などを放置していないか、館内アナウンスがすべての仕事場にくまなく聞こえるかなどについても点検します。

② 「非常時備蓄品」の点検

　これは食料と水、毛布（寝袋）など非常時にかかわる衣食住のアイテムと、それ以外（簡易トイレ、懐中電灯、バッテリーなど）に分かれます。食料などは必要な数量が確保されていること、そして消費期限と買替えのスケジュールなどもチェックしてください。また、緊急対策本部の活動に必要なアイテムもあります。これらについても緊急時にすぐに調達できるように品目と数量を確認しておきましょう。

③ 災害別の「防災・減災対策」の点検

　BCPで想定した災害リスクについて、被害や影響をなるべく小さく抑えるための対策が済んでいるかどうかの点検です。複数の通信手段は確保されているか、いざというとき機能するかについては、訓練と併せてチェックするとよいでしょう。地震対策の場合は、オフィスでは背の高い棚の固定、OA機器、サーバー類の移動・転倒防止、工場では機械設備の固定や転倒防止、建物の補強などを点検します。重要業務の継続に必要なものとして、自家発電機とその燃料の調達可否についてもチェックしましょう。

点検の頻度はどのくらいを設定すればよいのでしょうか。たとえば①については消防法の点検規定などをもとに決めることができます。②と③については、年一回、9月の防災週間に行なうといったことが可能でしょう。すでに防災計画等で実施している会社の場合はその慣習にしたがってください。

■記載内容の見直し
　次はBCPの管理と運用の二つ目、「記載内容の見直しと更新」についてですが、ここではとくに「見直し」にウェイトを置いて説明します。BCPは、会議メンバーのさまざまな考え方や意見を調整し、集約して計画書としてとりまとめたものです。したがって、ここに記載されている方針や手順は、必ずしも満場一致で合意し、全員が正しいと認めたものばかりとは限りません。

　中には意見がまとまらずに暫定的な形でBCPに記載してあったり、結論が出ずに積み残しとなった課題もあるでしょう。あるいは肝心なところに抜け漏れがあったり、枝葉末節的なことが書いてあったりするかもしれません。

　このような理由から、BCPが文書として完成したあとも、たまに目を通してその是非をチェックすることが大切なのです。ただし、危機を相手にする以上、どんなにBCPを隅から隅まで見直しても完璧さを期待することはできません。そこで、次の2つのアプローチでおおまかな妥当性をチェックしてみましょう。

① チェックシートによる見直し
　本書の附録Cには「BCP充足度チェックシート」を掲載しています。これをもとに、あなたの会社のBCPが基本的な要件を満たしているか、チェックしてみてください。概ね6割以上「完了」にチェックが入ればOKです。これはおもに事務局担当者レベルで行うものです。

② 会議メンバーによるレビュー

　緊急対策メンバーにBCPのコピーを配布し、BCP見直し会議を行うものです。記載されている方針や行動手順、対策に関する不備や疑問点、課題などを洗い出してもらいます。ばく然と文字を追うのではなく、できる限り状況をイメージしながら読むことが大切です。この作業を通じて、BCPの記載事項を検証できるだけでなく、緊急対策メンバー自身の危機管理意識を高めることにもつながります。

　こうした見直しについては、年一回程度は必要でしょう。たとえば9月の防災週間に行なうというように。いずれにしても毎年継続的に行うことによって、いざというとき「使えるBCP」に近づいていくことは間違いありません。

■記載内容の更新

　ここでは「記載内容の見直しと更新」のうち、「更新」にウェイトを置いて説明します。まずは次のような状況をイメージしてみてください。

　ある日大地震が起こった。緊急対策メンバーはそれぞれBCPを持ち寄って必要な行動に着手しようとしたが、どうも様子がヘンだ。書いてあることと現状とかみ合わない。緊急対策メンバーのリストにすでに部署を異動した人や退社した人の名前が残ったままだ。新規に獲得した重要顧客の連絡先がリストに記載されていない。緊急修理の依頼先としてリストに記載していた機器の保守サービス業者に連絡をとろうとしたら、事業所移転のためつながらなかった……。

　万一の際、このようなことが起こらないように、BCPの記載情報は定期的にメンテナンスし、最新の情報を維持しておくことが大切です。このメンテナンスの内訳とタイミングは次のとおり。

① 人・モノ・顧客情報等の更新
　文書を見直し、更新する場合には、あらかじめ更新が必要となるであろう個所を特定しておくと作業がはかどります。主な更新情報とこれに対応する巻末附録のシート番号は次のとおり。

- 緊急対策チームメンバーの異動や入退社→附録A-1
- 重要顧客や取引先の変更→B-4
- 設備・備品の廃棄や買換え→B-5
- 重要データの追加→B-6

　更新のタイミングですが、原則的には更新の必要が生じたら早めに着手するのが望ましいことは言うまでもありません。しかし何度も更新を余儀なくされるようなことは避けなければなりません。したがってたとえば半年に一回とか、年一回の節目の時期（人事異動の時期など）を選んで情報更新の時期を設定するとよいでしょう。

② 事業体制の変更
　ある会社が事業拠点を拡大したり、業務機能を分散・移転したりするケースはよく見られます。もしこのような動きがBCPに影響するのであれば、それをBCPにも明記しなければなりません。身近な例では、支店・営業所が3か所に増え、それぞれにBCPの代替機能を持たせたい場合などです。なお、本書では特定の中核事業を頂点とするBCPを作るわけではないので、主力となる製品やサービスの構成が変わった場合に見直しが必要となるのは、附録Aの「BCPの目的」と「重要業務の継続」(7-1) の2つのシートのみです。とは言え、競争と変化のはげしい今日のようなビジネス環境では、どこにどんな影響が出るかわかったものではありません。このあたり、どの程度BCPに影響するのかを、随時チェックしておくことは必要でしょう。

③ 安・近・短の訓練を習慣づける

■緊急時にスムースに動くために

　水泳はいくら机上で泳ぎ方を学んでも、実際に自ら手足を動かさないことには泳げるようにはなりません。これはBCPも同じで、災害が発生したときだけ棚や引き出しの奥で埃をかぶっているBCPを引っ張り出してきても、ほとんど役には立ちません。非常時に従業員を守り、事業を守るのはBCPという「紙の束」ではなく、BCPに即して実行力、行動力を身につけた「みなさん自身」だからです。ではどうやって実行力や行動力を身につければよいのでしょうか。

　これは「訓練」をおいて他に方法はありません。ところがこの訓練、「同じことを反復するだけ」「単調で退屈」「時間のムダ。訓練より仕事の方が大事」と、参加を渋る人も少なくありません。確かに一理ありますが、このようなネガティブな意見が出やすい背景には訓練のマンネリ化が潜んでいることが多いものです。マンネリ化の主な原因は、訓練をやりっぱなしで結果がフォローされていないこと。そこで、誰もが「訓練は参加するだけの価値がある」と実感できるような工夫、次の訓練につながる工夫をしたいものです。これを解決するためのポイントは次の4つです。

① 社長のコミットメント
　朝礼や全体会議、あるいはLANなどを介したビデオメッセージを通じて、「訓練の目的と参加への協力」を呼びかけてもらいましょう。また、社長に訓練の現場に立ち会っていただくことも効果的です。

② 負担が少なく飽きの来ない訓練をプランニングする

　訓練のパターンには「実地」と「机上」の2つがあります。詳しくは次のセクションで。いずれも最低年1回程度の実施とし、同じ想定や条件の繰り返しにならないように少し留意してください。実地訓練の場合、1回15分〜長くて30分以内に収まるようなコンパクトなものにしましょう。

③ 訓練を通じて得られた"気づき"を記録に残す

　"気づき"とは、訓練を通じて参加者が気づいた問題や課題、良かった点や悪かった点、改善要望などを指します。アンケートやレポートとして提出してもらいましょう。訓練を実施した事務局やオブザーバーの所見も記載することをお忘れなく。

④ 訓練結果を次に生かす

　③の結果は速やかに集計し、全社にフィードバックします。こうした情報の活用方法ですが、訓練のテーマややり方に関するものは事務局で解決し、次の訓練に反映させる。BCPの手順に関するものはBCP会議メンバーに集まってもらい対策を講じる、などの処置を講じてください。

■実地訓練で自信をつける

　「実地訓練」は文字通り口や手足を動かして目的とする動作を実際になぞってみる最も基本的な訓練です。この訓練の種類と実施のポイントは以下のとおりです。

① 防災訓練

　次の3つのタイプは定期的に実施したいものです。火災避難訓練と地震避難訓練はどの会社も必須ですが、地域によっては津波避難訓練、火山噴火避難訓練なども必要でしょう。

- 初期消火訓練→消火器や消火設備の適切かつ安全な使用方法
- 応急救護訓練→止血や骨折処置、人工呼吸の適切かつ安全な処置手順
- 避難訓練→火災、地震、津波……など様々なパターンが考えられます。

② 安否確認訓練

　これは「安否確認シート」（附録B-2）を用いて社内外の従業員の安否を速やかに確認する訓練です。大地震などで固定電話が使えないことを想定し、携帯電話や携帯メールを試してください。やり取りするメッセージの妥当性とフォローの仕方も考えておくことも大切です。社員から「けがをして客先で待機中」と会社にメールが入った時、その社員にどんなメッセージや指示を返信すればよいでしょうか。

③ 緊急点検訓練

　これは「被害状況調査シート」（附録B-3）を用いて大切な事業資産が無事かどうか、損害を受けていないかどうかを点検する訓練です。オフィスならばPC、データ、基幹サーバ、OA機器、書類棚、施設内などを点検します。生産設備では機械装置や部品棚、電気系統、主要な配管、倉庫、危険物等の保管場所が対象となるでしょう。いずれも担当者が現場に急行し、必要な個所の点検動作をなぞり、速やかに上司に報告します。

　①〜③の訓練は、いつどんな頻度で訓練を行えばよいのでしょうか。一般に社内行事のスケジュールを組み立てるときは、年間のイベント一覧をまず作成してそこに組み込むのが一般的でしょう。たとえば①の訓練を年一回、8月下旬〜9月一週目の防災週間に行うとしたら、②と③の訓練も年一回程度、そこに含めるか、人事異動のある年度初めや、社

内研修や定例のミーティングに組み込む方法もあるでしょう。いずれも従来の行事の一環として考えれば、悩む必要はありません。また、これらの訓練は一度に全部実施する必要はなく、もっとも慣れ親しんだ防災訓練から始めて、徐々にレパートリーを増やしていくようにしてください。

■机上訓練で想定外をカバーする

「机上訓練」は、緊急対策チームのメンバーが中心となって行う討論型の訓練で、時間軸に沿って変化する状況や想定外の状況をシミュレーションするのに適しています。他の訓練のように多数の人に参加を呼びかけたり特別な道具立てを用意する必要はありません。事務局担当者がその都度テーマを決め、BCPに記載されている手順の妥当性や応用性、問題点や改善点などをメンバー全員で話し合うのが狙いです。机上訓練の準備、進め方、結果のフォローについては以下を参照してください。

① 訓練の準備

机上訓練の「テーマ」は、BCP策定の際の積み残し課題や前回の机上訓練で出された要望、もしかすると起こるかもしれない想定外のリスクを集めてプールしておき、そこからピックアップします。災害発生から時間軸に沿って変化する状況については、パワーポイントなどを用いてスライドに投影すると効果的に進めることができます。

② 訓練の進め方

机上訓練の進行役（ファシリテータ）は事務局担当者が行いますが、参加メンバー持ち回りでもかまいません。提示されたテーマについては、BCPでどのように解決できるか全員で意見を交換したり討論したりします。所要時間は全体で1時間30分〜2時間程度です。この訓練に標準的な"正解"というものはありません。全員で納得した回答が現時点で

の望ましい解決策ということになります。

③ 訓練結果のフォロー

　机上訓練が終了したら、全員が感想を発表し、「訓練レポート」に"気づき"を書いてもらいます。BCPの方針や行動手順の妥当性、追加的に盛り込む必要のある手順や対策、次回の訓練への要望（新規テーマなど）などです。事務局は訓練レポートを取りまとめ、所見を付してメンバー全員にフィードバックするほか、重要なことは全社的に発表するようにしてください。

　「机上訓練」を実施する時期については「実地訓練」のセクション（179〜180ページ）を参考にしてください。防災週間や社内研修の時期など、関連のありそうなイベントを中心に年1〜数回組み込むのがコツです。

Coffee Break 5

「BCPは投資である」のウソ

　これまでBCPの普及・啓発には、しばしば「BCPは投資である」といったメッセージが使われてきました。
　投資と言えば「リターンは？」とくるわけですが、BCPにおけるリターンとは、前もってBCP対策を講じることで、災害が起こっても10の被害が5の被害で済むこと、早く事業を再開できるので売上機会を逃したり、顧客離れを起こしたりせずに済むことを指します。あるいは、BCPを持っていることで相手から防災力の高い会社として評価されるという期待もあるでしょう。

　しかし株式投資にしても設備投資にしても、ある程度現実的な確度でリターンを期待できますが、危機や災害の発生を前提としたリターンというのは、想定する災害が起こって初めて得られる相対的なメリットのことです。何分の1かの確率でリターンが得られるなら投資と呼べますが、分母がほとんど未知数なら投資とは呼べません。また防災力の評価についても、あくまで結果論の話でしかありません。

　経営者は収益に対してどん欲で、コストに対してシビアな人々です。この両極に対してはかなり現実的な目を持っていますから、どんなにBCPは将来への投資だと呼びかけても、それが誇張やハリボテであることを見抜いています。もはや建前論は通用しないのです。
　ここで私たちは、BCPが純然たるコストの性格を持つ計画であることを認めなくてはなりません。万一の際に自社を守り、存続させるために維持し続けなければならない「必要経費」です。この現実を見据えたうえで、いかに最小コストでベターな効果を上げるかが鍵となるのではないでしょうか。

（附録）

APPENDIX

　ここでは主に、第5～7章で解説したBCPの各要素をサンプルイメージとして掲載しています。あなたの会社のBCPを文書としてまとめる際に、書き方や言い回しの参考にお役立てください。なお、サンプルに記載された内容は、あくまで表記方法を参考にしていただくためのもので、記載内容の正確さやBCPの実効性を保証するものではありません。

附録A．BCPサンプル文書

1．BCPの目的・緊急対策組織
2．避難計画
3．安否確認・コミュニケーション
4．非常時の備蓄
5．帰宅困難者対応
6-1．火災対応ERP（緊急対応プラン）
6-2．地震対応ERP
6-3．水害対応ERP
7-1．重要業務の継続
7-2．復旧活動

附録B．補助シート・リストの一覧

B-1．緊急通報・連絡先リスト
B-2．安否確認シート
B-3．被害状況調査シート
B-4．重要顧客・取引先リスト
B-5．重要設備・備品・ファシリティ関係業者リスト
B-6．情報資産バックアップリスト

附録C．BCP充足度チェックリスト

附録
APPENDIX

附録A　BCPサンプル文書

1. BCPの目的・緊急対応組織

○○株式会社
作成・改訂日：○年○月○日

1．BCPの目的

当社は危機の発生に際して次の目的を達成および維持するものとします。

- 従業員と家族を守る。負傷者、犠牲者を出さない。
- 自社の被害を最小限にとどめ、速やかに復旧する。
- 小売と連携し、物流インフラとして機能し続ける。

2．緊急対応組織

緊急事態が発生した時、次のメンバーは直ちに参集し、対応に当たること。

所属部署・名前	主な役割	連絡先（携帯・メール）
社長　○○太郎	リーダー	080-1111-1111 abcdef@ghi.co.jp
総務部長　△△次郎	サブリーダー	080-1111-1111 abcdef@ghi.co.jp
営業部長　XX栄太	顧客対応	080-1111-1111 abcdef@ghi.co.jp
生産本部長　XX幸一	製造現場の復旧	080-1111-1111 abcdef@ghi.co.jp

3．参集について

①参集条件
- 緊急時は会社より緊急対策チームメンバーに電話・メール等で参集を要請する。
- 大規模災害等の場合、自宅の安全と家族の無事を優先し、可能な者は出社する。
- 大規模災害等により参集要請の連絡ができない場合でも、可能な者は自主的に出社する。

②参集場所
- 第一候補地　→　社内会議室や食堂
- 第二候補地　→　○○支店会議室（□□市△△町1-2-3 携帯：080-1111-1111）

2. 避難計画

○○株式会社
作成・改訂日：○年○月○日

1．避難計画の目的

就業時間中に次のような災害に見舞われたとき、全従業員が安全に避難するための手順。
- 火災
- 地震（目安として震度5以上）
- 津波（地震に伴う大津波が予想される場合）
- その他身の危険のおよぶあらゆる危機的事態

2．緊急時の告知方法

災害の種類によって複数の方法で緊急告知が行われます。下記は一例です。
- 火災：サイレン、構内放送
- 地震：緊急地震速報（各自の携帯・スマホに着信）、構内放送、防災無線
- 津波：サイレン、構内放送、防災無線

3．非常時の持ち出し

避難の際、担当者は速やかに「非常時持ち出しリュック」を携行し、避難集合場所に向かうこと。非常時持ち出しリュックの内容と担当者は次の通り。

貴重品	安否連絡用携帯電話、印鑑（社印、実印）、現金、カード等貴重品、貯金通帳及び名義人身分証明書のコピー（これら一式、手提げ金庫に保管しておくとよい）
リュック常備品	BCP、社員名簿・携帯ラジオ・懐中電灯・予備電池・救急セット・緊急用メモ帳＆ペン・ホイッスル
担当者	主担当：（　　　　　　）／副担当：（　　　　　　　）

4．避難および集合場所

避難が呼びかけられたら、全員ただちに次の場所に避難し、速やかに集合すること。
- 火災／地震の場合：会社の駐車場、○○広場、△△公園（添付地図参照）
- 津波の場合：××が丘の高台、市町村指定の津波避難ビル（添付地図参照）
- 大地震の場合、津波避難指示の有無によらず、直ちに避難する
- 車による避難はなるべく避ける（道路の渋滞・寸断の危険あり）

5．人員確認・報告
- 担当者は点呼をとり、全員の無事を確認し、社長に報告する
- やむを得ず他の場所に避難した者は、携帯・メール等で会社に安否を伝えること

6．帰社・帰宅の判断
- 事態が落ち着いたら、安全を確認の上、各自の持ち場に戻る
- 地震の場合は余震に注意し、いつでも再避難できる態勢にしておく

（特に津波避難の場合）
- ラジオその他を通じて津波第2波、第3波の到来情報を収集する
- 津波の危険が去らない場合は安全に配慮し、解散・帰宅を検討する

7．避難訓練の実施
毎年（　　　）月に、本計画に定める災害を想定し、避難訓練を実施します。

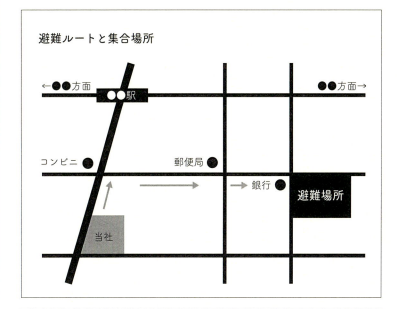

注）このサンプルでは、保護対象者を従業員に限定しています（以下の非常時備蓄、帰宅困難者対応も同じ）。デパートや旅館業、テーマパークのように不特定多数の人々や要援護者が主な対象者となる場合は、その手順を追加してください。

3. 安否確認・コミュニケーション

○○株式会社
作成・改訂日：○年○月○日

1. 目的
火災や大事故、自然災害の際に、社内および社外にいる従業員の無事を確認するための手順です。

2. 安否確認の連絡は「本人」→「会社」
災害発生の際は原則として「本人」→「会社」への安否連絡を入れます。
- 各自の携帯電話・スマートフォンのＥメールの使用を優先する
- 伝達内容は「自分の安否」と「出社・帰社・直帰の意向」など
- 会社は「安否確認シート」に送信者の安否情報を記録する
- 会社の安否連絡受信メールアドレスは「xxx@yyy.co.jp」

3.「本人」→「会社」へ安否連絡がない場合
安否受信メール確認担当者は、次の点に留意してください。
- 本人から安否連絡メールがすぐに着信しなくてもしばらく様子を見る
- 1～数時間経過しても連絡がない場合は会社から本人へ安否確認要求メールを送る
- それでも返答が来なければ次の（3）の可能性を考慮し、コミュニケーション手段を変更する

4.「本人」→「会社」へ連絡できない状況にある場合
携帯やスマホの紛失、故障、バッテリー切れ、あるいは命の危険に曝されている場合。
- 無理に会社と連絡をとらなくてよい。危険を全力で回避すること
- 後日、災害用伝言サービスなどを利用して安否を伝えてもよい

5. コミュニケーションツール
会社側、従業員の側を問わず、日頃からメール以外に複数の伝達手段を確保しておくこと。
- 災害用伝言サービス（171の他、携帯各社の災害伝言サービス）
- 最寄りの公衆電話ボックスの確認
- SNSの利用

4. 非常時の備蓄

○○株式会社
作成・改訂日：○年○月○日

1．非常時備蓄の目的

　自然災害、大規模な交通の寸断等により、帰宅が困難となった従業員および会社訪問者等に必要最小限の食料・水・寝具等を提供するための備蓄計画です。
・保管場所：防災倉庫内
・鍵番号：12345
・管理者：○○芳之助／△△栄太

2．備蓄品の内訳

　下表の品目を維持します。食料と水については「従業員数×3日分」を維持し、消費期限が到来する前にスケジュールに沿って消費および買い替えを行うものとします。

品目	数量	準備済・未済
アルファ米（五目・白飯・ドライ カレー）、缶入パン、即席みそ汁、たまごスープ（賞味期限5年）、缶詰	○セット	
5年保存水2リットル	○本	
緊急用トイレ袋	必要数	
毛布 / シュラフ / アルミブランケットなど	必要数	
（予備品目1） カセットコンロ、やかん、鍋、紙皿、ライター、ラップ、割りばし、アルミホイル他	必要数	
（予備品目2） 電気ストーブ、使い捨てカイロ、扇風機	必要数	
（予備品目3） 乾電池/バッテリー/充電器、懐中電灯/ランタン、救急セット（医薬品など）	必要数	

5. 帰宅困難者対応

〇〇株式会社
作成・改訂日：〇年〇月〇日

1．帰宅困難者対応の目的

　自然災害、大規模な交通の寸断等により、帰宅が困難となった従業員および会社訪問者等の安全を確保するための計画です。

2．災害の察知と警告

　担当者は、災害の種類に応じて次のいずれかの対応をとってください。
- 地震などの突発的な災害の場合：帰宅困難者発生が予想されるため、対応の準備を進める
- 台風など予想可能な災害の場合：従業員に早めの帰宅を促し、帰宅困難者の発生を防ぐこと

3．帰宅困難者の把握

　帰宅困難者発生が予想される場合、担当者は次のいずれかの対応をとってください。
- どんな人々が何人帰宅困難になっているか
- 災害弱者は含まれているか（→ケアを優先すること）

4．安否連絡と外出

　帰宅困難者には、次のことを呼びかけてください。
- 自宅、関係先への安否の連絡（会社にとどまることを伝えてもらう）
- 指示があるまで、無理に帰宅や帰社を急がないことを伝える

5．非常時備蓄の提供と仮眠スペース

　帰宅困難者には、次の手順で必要なアイテムを提供してください。
- 食料と水（季節に応じて加熱、温めて提供）
- 仮眠スペース（あらかじめ場所を決めておくこと）

6．継続的な情報収集

　担当者は、次の災害情報を継続的に収集し、随時帰宅困難者に情報を提供してください。
- 気象情報（台風、洪水など）
- 交通状況（公共交通機関、道路など）
- その他の緊急情報（避難勧告の有無など）

6-1. 火災対応ＥＲＰ

〇〇株式会社
作成・改訂日：〇年〇月〇日

1．目的
　火災の発生を未然に防ぐとともに、万一の際は火災から身を守り、事業資産の被害を最小限にとどめるための計画です。

2．火災の発見・通報・初期消火
　火災の第一発見者および周囲にいる者は、ただちに次の対応を行ってください。
- 火災を発見したら、大声で周囲に知らせるか非常ベルが近くにあればボタンを押す
- 火災報知器のアラームが鳴った場合は、ただちに周囲に呼びかけ状況を確認する
- 小さな火災なら消火器や水バケツで消火を試みる。火の勢いが強いときはただちに避難する
- 取り残された人や負傷者がいれば声をかけ、救助する

3．関係部署への通報
　担当者は、火災発生の通報を受けただちに館内放送やサイレンを通じてすべての従業員に緊急避難を呼びかけます。119への通報では次の内容を伝えること。

> - 会社名と住所
> - 火災の種類と発生場所
> - 負傷者の有無（この時点でわかる範囲で）
> - 通報者の名前と携帯の連絡番号（折り返し連絡用）

4．避難手順
　避難誘導の際の注意点は次の通り。日頃から訓練とレクチャーを通じて周知させること。
- 避難集合場所の明示（～へ避難してください／～に集合してください）
- 適切な避難ルート（非常階段を使用、エレベータは使用禁止など）
- 負傷者や障がい者、外国人、地理不案内者への声かけとサポート、および安全な誘導

5．安否の確認と報告
　避難集合場所での無事の確認と報告の手順は次の通り。
- 避難集合場所での点呼（人数と逃げ遅れた人の有無の確認）
- 負傷者や病気の人がいれば応急処置を施し、病院へ搬送
- 上司および緊急対応責任者への報告

6．火災に備えるための対策

防火管理者が留意すべき火災の予防と火災発生時に備える対策は次の通りです。

①火災の危険のある場所・作業の特定
- 電気配線・コード類（ほこり、裸線、絶縁体の劣化など）
- 給湯室、喫煙室
- 食堂の厨房
- 工場内：溶接や塗装作業

②定期的な点検と確認
- 消火器、自動火災報知機、非常ベル、スプリンクラー等の点検
- 避難経路の点検（障害物等が置かれていないか）
- 避難集合場所が適切かどうかの確認

6-2. 地震対応ERP

〇〇株式会社
作成・改訂日：〇年〇月〇日

1．目的
　地震による被害を軽減するとともに、万一の際は地震から身を守り、事業資産の被害を最小限にとどめるための計画です。

2．地震発生時（身を守る）
地震が発生した際の状況に応じて、慌てずに次のように行動してください。
・机やテーブルがあればその下に潜り込み、揺れが収まるのを待つ
・火気や窓、背の高い棚や備品、機械装置のそばには近づかない
・携帯やスマホの「緊急地震速報」が鳴ったら、ただちに作業の手をとめ、安全な姿勢をとる
・揺れが大きくなるようなら頭をバック等で守りながら外へ避難（落下・転倒物に注意）
・外にいる場合は可能な限り広いスペースに避難。建物、電柱等には近寄らない
・運転中は、ただちに車を道路の左側に止め、キーをつけたまま車外に出て近くへ避難する

3．避難の呼びかけ
　会社として避難を呼びかける際の手順や留意点については、「避難計画」を参照のこと。

4．安否の確認と負傷者対応
地震の揺れが収まったら、次の手順で安否確認と報告、負傷者対応を行います。
・避難集合場所での点呼（人数と逃げ遅れた人の有無の確認）
・不在者の安否確認（「安否確認シート」を使用する）
・負傷者や病気の人がいれば適切に対応し、病院へ搬送
・上司および緊急対応責任者への報告
・社内不在者については本人からの安否連絡を待つ

5．被災情報のモニタリング
可能な限り複数の手段を駆使して、地震の規模とその影響に関する情報を収集してください。
・情報収集には携帯、スマホ、ワンセグ、ラジオ、聞き込み、徒歩による現場確認などを活用
・地震の規模、津波発生の有無
・社内の様子（立ち入り可能な場合）。火の気、ガス漏れ等の有無
・周辺の様子（火災発生の有無、被害状況など）
・公共交通機関の運行状況（完全運休、一部運休、遅れなど）
・道路への影響（道路や橋の寸断、信号機の停止、など）

6．帰宅困難者対応
　　帰宅困難者が発生した場合は、別紙「帰宅困難者対応手順」と「非常時備蓄規定」に沿って対応に当たること。

7．物的な被害状況の確認
　　余震がおさまってきたら、安全に配慮して会社の中の物的な被害状況確認に着手してください。
　　・調査には「被害状況調査シート」を使用する
　　・2名一組で確認作業に当たること
　　・ヘルメット、軍手、安全靴等を着用のこと
　　・危険個所には立ち入らない

8．地震に備えるための対策
　　防災担当者が留意すべき地震発生時に備える対策は次の通りです。

①棚・ファイルキャビネット・ロッカー・パーティション
　・L字型金具や突っ張り棒で固定する
　・収納のバランスに注意する（高い位置に軽い物／低い位置に重い物を収納）

②開閉扉・引き出し
　・扉や引き出しのあるものは開閉をロックする金具を付ける
　・オープン式のファイル棚や書棚などは、なるべく背の低い棚を使う
　・または背の高い棚にはベルトやバーなどを各段に張ってモノが落下しないように工夫

③パソコン・ＯＡ機器・吊り下げ型の照明器具
　・サーバはラックに収納し、PCは底にすべり止めを貼っておく
　・複合機などはストッパーで固定
　・吊り下げ型照明はワイヤーや鎖で二方向から固定

6-3. 水害対応ＥＲＰ

〇〇株式会社
作成・改訂日：〇年〇月〇日

１．目的
　水害による被害を軽減するとともに、万一の際は洪水等から身を守り、事業資産の被害を最小限にとどめるための計画です。

２．気象情報や道路状況のモニタリング
　社内にいる防災担当者と社外で活動する従業員は、豪雨や台風の危機が去るまで気象情報や道路状況の情報を継続的に入手してください。

３．水害の危険が予想される場合の対応
　時間の経過とともに水害の危険性が高まりつつある場合は、次の対応を検討・実施してください。

① 社屋１階の浸水が予想される場合の行動
　・移動可能な重要な機器（ノートＰＣなど）、重要な書類等を上階に退避する
　・必要に応じて土のうを積む、防水シートを張る（主に工場系）

② 不要不急の業務活動を取りやめる
　・社内にいる不要不急の従業員を帰宅させる
　・徒歩や営業車で外出中の従業員に対する帰社・帰宅（直帰）の指示
　・内外の関係者との会議・打ち合わせの延期と関係者への事前通知
　・不要不急の商品・製品・書類等は発送や受け取りを延期することを通知

４．避難
　次のような状況が予想される場合は「避難計画」にしたがって避難を開始してください。

① 予想される危険
　・水位の上昇が止まらない
　・近くの堤防が決壊する恐れがある
　・非常に勢力の強い台風が直撃する恐れが出てきた

② 避難に先立って終えておくこと
　・電気、電子機器の電源を切り、コンセントを抜いておく

・会社の固定電話については不在応答モードに切り替えておく
・エレベータを最上階に退避し、電源を切る

5．安否確認と帰宅困難者等対応

　安否確認の手順については別紙「安否確認/コミュニケーション」の手順を、万一（水がなかなか引かないなどの理由で）オフィスから帰宅できない人々がいた場合の対応については別紙「帰宅困難者対応手順」と「非常時備蓄規定」に沿って対応に当たること。

6．水害に備えるための対策

① 浸水・冠水からの退避場所の確保
　浸水被害のおそれのない高い所（階層のある建物の場合は2階以上）に、重要な事業資産を退避する場所をあらかじめ確保しておきます。平屋の場合は、避難の際に必要最小限のアイテム（ノートPCやデータ、重要書類など）をザック等に入れて持ち出してください。

② 防災用品
　水害対策を想定した主な防災用品、機器は次のとおり。
　・防水シート数枚
　・排水ポンプ＋排水ホース（必要に応じて）
　・土のう（必要に応じて）

③ インフラ寸断への備え
　はげしい豪雨や台風では停電が予想されます。低地や河川のそば、沿岸部にある工場では受電設備が冠水する危険性もあります。
　・停電対策（懐中電灯、ろうそく、発電機など）
　・受電設備の嵩上げを行う（工場など）

④ 復旧作業の備え
　建物・施設の破損・侵入した泥水等の洗浄、除去のための対策として、ホース、バケツ、スコップ、ウェス、軍手、長靴その他を必要数用意すること。ヘドロの除去や機器の洗浄などは、それぞれの専門業者のリストを完備しておくこと。

7-1. 重要業務の継続

〇〇株式会社
作成・改訂日：〇年〇月〇日

1. 本計画の目的

「BCPの目的」に基づいて、災害時においても、当社の製品およびサービスを可能な限り速やかにお客様に提供するために必要な業務の実施手順を定めたものです。

2. 緊急時に必要な重要業務

非常時において「BCPの目的」を達成するために欠かせない重要な業務活動は次の3つです。
- 注文の受付業務
- 集配業務
- 倉庫業務

3. 重要業務の遂行手段

災害等により、3つの重要業務を通常のやり方で達成し得ないことが明らかとなった場合は、可能な限り次の代替手順と手段を組みあわせて実施するものとします（これらがすべてではない）。

① 注文の受付業務
- 事務員：レギュラー1名のほか前任者1名を確保
- 受注入力：パソコンと伝票が使えなければ紙に手書きで済ませる（復旧後に手入力）
- 客先と応答：固定電話／FAXが使えない場合は代わりに携帯とメールを使用

② 集配業務
- 輸送ドライバー：レギュラー1名のほか代行者2名確保
- トラック全5台のほか、小荷物は宅配便で代行輸送の予定
- 燃料：行きつけのガソリンスタンド2か所のほか組合経由の共同購入も予定

③ 倉庫業務
- 倉庫要員：レギュラー1名のほか前任者1名を確保
- 入出庫に関わる事務処理：手書きで事務担当者に代行してもらう

4. 完全復旧への一本化

①〜③の各業務について、もしそれぞれの代替方法を実施するための条件の一部または全部が整わない時は、これらの代替方法を諦め、業務機能の完全復旧を目指すこととします。
- 必要なすべての利害関係者に、事業停止期間と復旧完了時期の目安を遅延なく伝えること
- 復旧に関する情報は随時、ホームページにUPして継続的に更新すること

7-2. 復旧活動

〇〇株式会社
作成・改訂日：〇年〇月〇日

1．本計画の目的

　災害で被災した現場を速やかに復旧し、業務機能を回復することによって、いつも通りの手順と手段で当社の製品およびサービスをお客様に提供できるようにするための条件をまとめたものです。

2．復旧担当とマンパワーの確保

　原則として被災した現場はそれを管轄する部署が復旧活動に当たります。しかし災害の種類によっては人手が不足するかもしれず、また高度な専門知識や技能を要求される場合も少なくないので、外部の依頼先も含めて動的に検討し、指名するものとします。

3．復旧のための資金確保

①現金：復旧活動に当たる従業員の食事代から、臨時スタッフの人件費、宿泊費、従業員の送迎や物資調達のための車両の燃料代その他。常時10万円を金庫に保持しておくこと。

②貯金：被災した事業資産の調査費用、修理修復・買換え、保守点検費用などに必要。会社の運営維持費（固定費など）、売上機会損失の補てんなど。平均売上1カ月分程度を維持すること。

4．復旧依頼先リストの完備

　建物・施設、IT、OA機器、オフィス備品、機械装置、電気配線、LAN回線、水道その他、修理・修復・買い替え、およびガレキの撤去などについては、「重要設備・備品・ファシリティ業者リスト」を参照のこと。

①インフラ関係
　電気、電話、水道などの事業者の連絡先

②IT・通信・電気設備関係
　ITやネットワークについてはシステム構築業者、構内の受電設備や電気配線、電話回線の故障や不具合については専門の電気工事事業者のリストを完備

③ファシリティー関係
　自社所有の建物ならば建築士、施工業者に修理・修復・点検を依頼するためのリスト。オフィスの机、椅子、備品、什器、OA機器等については、ファシリティ業者や商社などの調達先をリスト化。

附録B 補助シート・リスト一覧

【B-1】緊急通報・連絡先リスト

緊急通報・連絡先	電話番号	住所	備考
警察署	(110)		
消防署	(119)		
救急車	(119)		
病院1			
病院2			

緊急通報・連絡先	電話番号	住所	備考
電話会社			
電力会社			
ガス会社			
水道局			

緊急通報・連絡先	電話番号	住所	備考
保険会社			
ビルオーナー			
ビル管理会社			
警備会社			

緊急通報・連絡先	電話番号	住所	備考
その他			

【B-2】安否確認シート

日時	部署名	確認・報告者	安否確認先 氏名（携帯番号）	状況
			Aさん	無事・負傷・未確認
			Bさん	無事・負傷・未確認
			Cさん	無事・負傷・未確認
			Dさん	無事・負傷・未確認
				無事・負傷・未確認
				無事・負傷・未確認
				無事・負傷・未確認
				無事・負傷・未確認
				無事・負傷・未確認
				無事・負傷・未確認

【B-3】被害状況調査シート

部署名	確認・報告者	被害状況	備考
		□負傷者（　　　　　）名 □備品等（　　　　　　） □施設等（　　　　　　） □ライフライン（　　　） □その他（　　　　　　）	
		□負傷者（　　　　　）名 □備品等（　　　　　　） □施設等（　　　　　　） □ライフライン（　　　） □その他（　　　　　　）	
		□負傷者（　　　　　）名 □備品等（　　　　　　） □施設等（　　　　　　） □ライフライン（　　　） □その他（　　　　　　）	
		□負傷者（　　　　　）名 □備品等（　　　　　　） □施設等（　　　　　　） □ライフライン（　　　）	

【B-4】重要顧客・取引先リスト

顧客/取引先名					
住　所	〒				
電話番号		FAX番号			
担当者名		Eメール			
供給品/サービスまたは取引内容		連絡状況		□済	□未済
		コメント			

顧客/取引先名					
住　所	〒				
電話番号		FAX番号			
担当者名		Eメール			
供給品/サービスまたは取引内容		連絡状況		□済	□未済

【B-5】重要設備・備品・ファシリティ関係業者リスト

製品名		（型式名	）
基本仕様			
メーカ名		価　格	
電話/Fax		必要数量	
販売店1		販売店2	
電話/Fax		電話/Fax	

製品名		（型式名	）
基本仕様			
メーカ名		価　格	
電話/Fax		必要数量	
販売店1		販売店2	

【B-6】情報資産バックアップリスト

　以下の情報資産について、最重要データは定期的に所定の方法でバックアップをとり、紙の文書については一部ずつコピーを作成するかPDF化し、同時被災の恐れのない遠隔地に保管すること。

データ・ファイル名	作成場所	更新頻度	遠隔保管場所
受・発注履歴データ	業務サーバXXX	週1回	クラウドサーバ内

（紙）文書名	形式・体裁	数量	保管場所
X,Y,Z契約書	当社指定書式	各1部	社長自宅の金庫

附録C BCP充足度チェックリスト

✓	チェック内容	完了	検討中	未済・該当なし
	1. 防災一般について			
	非常時の備蓄を保管していますか。	☐	☐	☐
	消火器(や消火設備)は完備していますか。	☐	☐	☐
	2. 大切な書類・データの保護			
	大切な書類のコピーはとっていますか。	☐	☐	☐
	書類のコピーを原本とは別の場所に保管していますか。	☐	☐	☐
	大切なデータのバックアップ(コピー)はとっていますか。	☐	☐	☐
	バックアップを原本とは別の場所に保管していますか。	☐	☐	☐
	3. 地震対策について			
	事務室での整理・整頓・清掃を実行していますか。	☐	☐	☐
	OA機器などが台上からずり落ちない工夫をしていますか。	☐	☐	☐
	モノが倒れたり崩れたりして人がケガをしないための対策をとっていますか。	☐	☐	☐
	モノが倒れたり崩れたりして通路を塞がないための対策をとっていますか。	☐	☐	☐
	4. 生産活動に必要な道具・設備・製品について			
	作業所での整理・整頓・清掃を実行していますか。	☐	☐	☐
	棚からの飛び出し・荷崩れを防ぐ対策をとっていますか。	☐	☐	☐
	大型・小型の機械設備は固定していますか。	☐	☐	☐
	電気設備は災害の影響を受けにくい場所に設置されていますか。	☐	☐	☐
	災害時の停電で最小限必要な電気の用途は決まっていますか。	☐	☐	☐
	最小限必要な電気の用途をまかなうための対策はとっていますか。	☐	☐	☐
	5. 緊急時の活動メンバー			
	緊急事態が起こったときに集まるメンバーは決まっていますか。	☐	☐	☐
	緊急時の活動場所(2か所)は決まっていますか。	☐	☐	☐
	各メンバー同士が連絡を取り合うための方法は決まっていますか。	☐	☐	☐
	緊急時対策メンバーが参集すべきかどうかの判断基準は決まっていますか。	☐	☐	☐
	6. 災害発生時の行動について			
	緊急時の避難手順(伝達・避難・集合場所など)は決まっていますか。	☐	☐	☐
	社内の従業員の安否確認の方法は決まっていますか。	☐	☐	☐
	外出中の従業員の安否確認の方法は決まっていますか。	☐	☐	☐
	社内の被害状況確認の方法は決まっていますか。	☐	☐	☐
	外部からはどんな情報を集めればよいか決まっていますか。	☐	☐	☐
	7. 災害発生時の行動について(週末など)			
	従業員の会社への安否連絡方法は決まっていますか。	☐	☐	☐
	従業員が出社すべきかどうかの判断基準は決まっていますか。	☐	☐	☐
	直接安否を伝えられない従業員はどんな方法を使うか決まっていますか。	☐	☐	☐
	8. その他			
	定期的に防災訓練は行っていますか。	☐	☐	☐
	一か月程度の事業停止期間を乗り切る資金は用意していますか。	☐	☐	☐

■著者略歴

昆　正和（こん　まさかず）

　BCP/BCM策定・運用アドバイザー。日本リスクコミュニケーション協会理事。主に中小企業のBCP策定指導や研修、講演活動を行っている。最近は登山のリスクマネジメントやレジリエンスに関する研究も。主な著書に『どんな会社でも必ず役立つあなたが作るやさしいBCP第2版』、『山で正しく道に迷う本』（以上日刊工業新聞社）の他、『リーダーのためのレジリエンス11の鉄則』（ディスカヴァー・トゥエンティワン）。
Email：drpassist@xui.biglobe.ne.jp ／ブログ名：「気候クライシスとBCP」

今のままでは命と会社を守れない！
あなたが作る等身大のBCP　　　　　　　　　　　　　　　NDC 336

2016年8月30日　初版第1刷発行
2023年1月31日　初版第5刷発行

（定価はカバーに表示されております。）

Ⓒ著　者　　昆　　正　和
発行者　　井　水　治　博
発行所　　日刊工業新聞社
〒103-8548　東京都中央区日本橋小網町14-1
電　話　書籍編集部　東京　03-5644-7490
販売・管理部　東京　03-5644-7410
FAX　　　　　　　03-5644-7400
振替口座　00190-2-186076
URL　https://pub.nikkan.co.jp/
e-mail　info@media.nikkan.co.jp

印刷・製本　新日本印刷（POD4）

落丁・乱丁本はお取替えいたします。　　2016　Printed in Japan
ISBN 978-4-526-07594-0

本書の無断複写は、著作権法上での例外を除き、禁じられています。